GESUND BACKEN

MIT *Veganpassion*

Stina Spiegelberg

NEUN
ZEHN

Inhalt

Über die Küchenfee

Meine Leidenschaft für essbare Schönheiten kann ich einfach nicht leugnen. Den ganzen Tag lang darf ich meinen Rezeptideen nachgehen und auch im Schlaf träume ich mich durch das Schlaraffenland. Immer und überall fallen mir neue Ideen für Leckereien ein – und ob bei Freunden oder in der Versuchsküche – ich kann die Finger einfach nicht vom Essen lassen.

Lange Zeit Vegetarierin, beschloss ich 2008, meine Lebensweise konsequent auf vegan umzustellen. Doch war mir das Angebot einfach nicht bunt genug. Ich will aufregende, aber einfache Rezepte, deren Fotos dem Leser den Mund wässrig machen. So begann ich neue, einzigartige Rezepte mit ästhetischem Anspruch zu kreieren und diese über meinen veganen Rezepteblog Veganpassion mit Lesern zu teilen. Zu meiner großen Freude und Überraschung findet der Blog großen Anklang bei Lesern und der Presse.

Mittlerweile lassen sich Cafés und Restaurants im gesamten deutschsprachigen Raum von meinen Schöpfungen inspirieren und ich darf alle mit veganen Rezepten verführen. Besonders viel Sorgfalt und Liebe stecke ich in meine süßen Kreationen. Sie lassen sich so wundervoll verzieren! Ich liebe es, stundenlang am Dekor einer Torte zu feilen und damit Gäaste und Freunde sprachlos zu machen.

Um auch dir Tipps und Tricks für die vegane Küche zu vermitteln, gebe ich Koch- und Backkurse. Weil ich einfach jeden erreichen und den Mythos – vegan sei eine Alternative – aus dem Weg schaffen möchte, bin ich außerdem mit erfrischenden Vorträgen am Start. Ein kleiner Anstoß für viel Freude am Genuss – Lass die Alternative dein neues Lieblingsgericht sein!

Danksagung

Die offenen Augen wurden mir von meiner lieben Mama geschenkt, ich glaube ich habe mich nie ausreichend dafür bedankt. Das Buch ist mir ein persönliches Anliegen gewesen und ich wurde fortwährend von meinem Freund motiviert, tiefer zu graben und verständlich zu formulieren. Danke für deinen ehrlichen Optimismus und freien Geist.

Der gesunde Spaß am Leben

Gesund leben macht Spaß! Fit und glücklich – das will doch eigentlich jeder. Und dabei leistet die Ernährung einen entscheidenden Beitrag. Doch ist es bei so vielen Trendprodukten manchmal nicht einfach, den Überblick zu behalten, was tatsächlich gesund ist und wie es sich verwenden lässt. Mit verführerischen Rezepten möchte ich dich in diesem Buch an eine gesunde Weise des Backens heranführen. Bunte ansprechende Küche in leuchtenden Farben mit betörenden Aromen – Essen, das Lust macht – Kuchen, die süchtig machen. Willst du? Bekommst du!

Die Welt eröffnet uns eine so schöne Vielzahl an Lebensmitteln, die alle ausprobiert werden wollen. Wenn wir uns auf dem Wochenmarkt oder im Bioladen umsehen und uns fernab unserer Einkaufsliste von Formen, Farben und herrlichen Düften verführen lassen, landen vielleicht einmal nicht die typischen Getreidesorten und Gewürze in der Einkaufstasche. Zuhause angekommen fange ich an, damit zu experimentieren. Wie schmeckt eigentlich Stevia und welche Gewürze passen zu Amarant? Und warum habe ich das nicht schon früher ausprobiert?

Genau das ist meist der Knackpunkt, das Ausprobieren. Denn interessant werden die Zutaten erst mit ihrer Zubereitung. Schöne Rezepte mit leuchtend gut gelaunten Fotos regen zum Nachbacken an. Und stellt sich beim Ausprobieren erst einmal der Erfolg ein, ist der Proband nicht mehr zu bremsen. Dann wird gebacken, bis der Ofen glüht, die Wände den Duft nach Plätzchen nicht mehr hergeben und auch der letzte Nachbar satt und glücklich ist ... und ich selbst abends glücklich und zufrieden ins Bett falle. Denn genau das macht Backen: es bringt uns zusammen und macht uns glücklich.

Mit diesem Buch reihe ich mich in keine Ernährungswissenschaften ein. Die Philosophie „in Maßen genießen“ macht mich glücklich. Naschen bringt auch bei trübem Wetter meine Mundwinkel nach oben und so möchte ich auch dir mit diesem Buch ein kleines Stück vom veganen Glück schenken.

Kennzeichnungen

Mach's dir selbst!

Allergiker sind meist dazu gezwungen, selbst Hand anzulegen, wenn es um Kochen oder Backen geht, da viele der beliebten Lebensmittel noch keine Rücksicht auf Unverträglichkeiten nehmen. Doch woher kommen diese vielen Allergiker so plötzlich? Mit dem steigenden Wohlstand der Industrieländer wird immer mehr Wert auf Geschwindigkeit und Effektivität gelegt. Das Essen sollte gut schmecken, gut aussehen und am besten keinerlei Kalorien haben. Doch zu welchem Preis? Die viele Verarbeitung unserer Lebensmittel (aus dem englischsprachigen Raum sogenannte „Processed Foods") schaltet schon während der Produktion viele Inhaltsstoffe aus. Schneller, größer, günstiger heißt die Devise. Dabei werden Inhaltsstoffe, die leicht klumpen, nicht die gewünschte Farbe haben oder teuer sind, oftmals nicht berücksichtig. Heraus kommt ein Produkt, das – gut beworben – ein ganzes Land ernährt. Leider nicht im gesundheitlichen Sinne des Konsumenten.

Doch keine Angst: Auch mit einer Lebensmittelunverträglichkeit lassen sich wundervolle Köstlichkeiten genießen! Und meist ist sie nur der Anstoß, eine wundervolle Entdeckungsreise durch neue Lebensmittel zu beginnen.

G Glutenfrei:

Viele Menschen vertragen das Getreideeiweiß Gluten nicht. Dies liegt nicht zuletzt an einem übermäßigen Verzehr von Weißmehlprodukten. Mit Spaß an Geschmack und Ernährung kann man verschiedene Mehlsorten, von Buchweizen über Hirse bis Kastanie, ausprobieren und damit ganz neue Geschmackswelten entdecken. Siehe hierzu das Kapitel „Getreide bis Mehle".

Der Hinweis „glutenfrei" bezieht sich in diesem Buch auf alternative Mehlsorten ohne Gluten.

V Vollwert:

Je höher die Typenbezeichnung des Mehls, umso reichhaltiger ist es an Mineralstoffen. Vollwertige Mehlsorten werden aus dem ganzen Korn gemahlen und haben daher keine gesonderte Typenbezeichnung. Siehe hierzu das Kapitel „Getreide bis Mehle".

In diesem Buch bezieht sich der Hinweis „Vollwert" auf höherwertige Mehlsorten (ab Type 1050) oder Vollkornmehle.

Z Zuckerreduziert:

Neben dem allseits bekannten Haushaltszucker gibt es viele wundervolle Süßungsmitttel, die deutlich mehr Leben ins Gebäck bringen. Vollrohrzucker, Kokosblütenzucker, Ahornsirup und Agavendicksaft bieten nahrhafte Alternativen. Stevia hat kaum Kalorien und eine hohe Süßkraft. Siehe hierzu das Kapitel „Wunderwelt Süße".

Alle in diesem Buch enthaltenen Rezepte sind gegenüber der konventionellen Backweise im Zuckeranteil reduziert. Der Hinweis „zuckerreduziert" weist auf alternative Süßstoffe oder eine erhebliche Reduktion von Süße hin.

F Fettreduziert:

Fette sind allgemein verpönt. Und dabei braucht unser Organismus sie dringend zum Überleben. Siehe hierzu das Kapitel „Fette". In diesem Backbuch wird auf hochwertige Fette und Öle Wert gelegt. Auch wird viel mit Nüssen gearbeitet, ganz ohne trans-Fettsäuren aus gehärteten Fetten.

Der Hinweis „fettreduziert" kennzeichnet solche Rezepte, die entweder keine oder einen sehr geringen Fettanteil mit gesunder Zusammensetzung besitzen.

S Sojafrei:

Seit der großen Pflanzenwelle leiden viele Menschen an einer Soja-Unverträglichkeit. Dies ist teilweise auf einen übermäßigen Verzehr und nicht zuletzt auf einzelne Verarbeitungsschritte der Industrie zurückzuführen. Mehr oder weniger unbewusst nehmen wir Soja beinahe täglich zu uns. Als Sojadrink, -mehl, -joghurt, -lecithin oder -öl. Jedoch ist das allergieauslösende Protein in Sojaprodukten in unterschiedlicher Konzentration vorhanden und es wird beim Backen teilweise zerstört. Im Sojaöl gehen die Allergene durch Abtrennung des Soja-Eiweißes verloren, daher ist es für Allergiker verträglich. Beim Kauf von Schokolade darauf achten, dass der Emulgator Sojalecithine nicht enthalten ist.

Als Veganer sollte man auf eine Eiweißaufnahme aus vielseitigen Quellen achten. So eignen sich Hülsenfrüchte (wie Bohnen, Erbsen und Linsen), Seitan aus Weizeneiweiß, Lupinen, Getreidearten (wie Quinoa) oder Samen (wie Chia) bestens für eine ausgewogene Ernährung. Sojajoghurt kann beispielsweise durch Reis- oder Kokosjoghurt ersetzt werden und anstelle von Sojamehl, das in Teigen als Bindemittel dient, kann Kichererbsenmehl verwendet werden.

Der Hinweis „sojafrei" weist in diesem Buch auf den vollständigen Verzicht von Soja in der angegebenen Rezeptur hin.

Antioxidantien:

Antioxidantien beschreiben eine Gruppe von Substanzen (Molekülen), die im menschlichen Körper eine unerwünschte Oxidation verhindern und somit Krankheiten mitunter verhindern. Die allgemein als Radikalfänger bezeichneten Inhaltsstoffe können Vitamine (Vitamin C, Vitamin E und Provitamin A) oder Spurenelemente (Selen, Kupfer, Mangan und Zink) sein. Siehe hierzu das Kapitel „Antioxidantien".

In diesem Buch werden Rezepte mit „Antioxidantien" gekennzeichnet, die Lebensmittel enthalten, die für ihre antioxidative Wirkung bekannt sind.

Abkürzungen

Pck.	Päckchen
EL	Esslöffel
TL	Teelöffel
Msp.	Messerspitze
geh.	gehäuft(er)
gestr.	gestrichen(er)
g	Gramm
ml	Milliliter
cm	Zentimeter
mm	Millimeter

Warenkunde

Entdecke gesundes Backen

Auf dem Weg zum gesunden Gebäck ist vegan schon einmal ein guter Anfang. Kein Cholesterin, keine schlechten Fette und dafür viele Vitalstoffe. Ei, Milch und Butter lassen sich spielend ersetzten und auch der Handel trägt entscheidend dazu bei, dass die vegane Lebensweise für viele endlich erreichbar wird.

Gesund geht aber weiter. Wenn wir einmal die Rückseite einer Kekspackung betrachten und alles daraus streichen, was uns unbekannt vorkommt, bleiben Zucker, Mehl, vielleicht Ei und mit Glück ein paar Gewürze übrig. Als Veganer stehen für das Ei zahlreiche kreative Alternativen zur Verfügung, aber auch an raffiniertem Zucker und Weißmehl lässt sich auf der Gesundheitsskala durchaus noch etwas drehen.

Ein Keks ist in ca. 30 Minuten selbst gemacht und geht damit schneller als einmal zum Supermarkt und zurück. Und er schmeckt einfach soooo viel besser – zugegeben mit dem richtigen Rezept! Da keine E-Stoffe, dafür aber leckere Zutaten meiner Wahl enthalten sind, ist er dann auch noch gesünder als die abgepackte Variante. Wozu noch kaufen? Selberbacken!

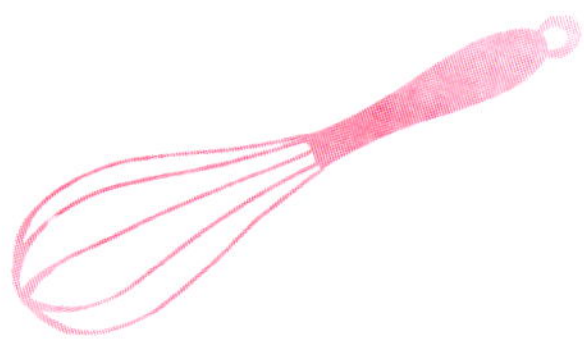

Getreide bis Mehle erleben

Die Grundzutat für Backrezepte sind Mehle und Mahlerzeugnisse. Sie verleihen dem Gebäck seine Struktur. Aber wie wäre es, wenn sie zusätzlich Geschmack mitbrächten? Neben dem handelsüblichen und gern verwendeten Weizenmehl sind viele andere Getreidearten für uns wertvoll und vor allem auch geschmacklich interessant. Schon mal Buchweizen probiert? Und was fängt man eigentlich mit Amarant an?

Von weiß bis nahrhaft

Weißmehl kennen wir zu Genüge und für manches Feingebäck ist es unerlässlich, das Weizenmehl Type 405. Dabei gibt die Typenbezeichnung die enthaltene Menge an Mineralstoffen pro 100 g Mehl an. Je höher also die Type, umso reichhaltiger ist unser Mehl. Ein Dinkelmehl Type 630 enthält 630 mg Mineralstoffe pro 100 g Mehl. Und die Type 1050 liefert beinahe doppelt so viele Mineralstoffe. Vollkorn hat keine Typenbezeichnung, weil das volle Korn gemahlen wird und gar keine Mineralstoffe ausgesiebt werden.

Wer gesund backen möchte, ersetzt zunächst in bekannten Rezepten das Weißmehl durch eine Vollkornvariante und stellt fest, dass die Teige bröselig und die Kuchen trocken werden. Das liegt zum einen daran, dass hier im Verhältnis weniger Gluten (pflanzeneigenes Bindemittel) im Mehl ist. Zum anderen daran, dass die Teige nicht für Vollkorn konzipiert wurden und es ihnen an Fett und Feuchtigkeit fehlt, um sie saftig und elastisch zu machen. Wer ein solches Lieblingsrezept zuhause mit aller Kraft vollwertig gestalten möchte, möge zunächst die Hälfte des Mehls durch Vollkornmehl ersetzen oder ein höherwertiges Mehl, wie Dinkelmehl Type 1050, verwenden. Einen Löffel Öl dazu, ein paar Teelöffel Pflanzendrink und schon klappt auch Omas Lieblingsrezept.

Mehl international
oder von der Steinzeit bis heute

Die eilige Alternative zu Weizen heißt Dinkel. Der robuste Verwandte des Weizen erfreut viele Allergiker und lässt sich geschmacklich sehr gut in altbekannte Rezepte einbinden. Wiederentdeckte Getreidearten wie Einkorn und Kamut (Khorasan-Weizen) sind so genannte Urgetreide, die weder durch Züchtung noch Kreuzung mit anderem Getreide verändert wurden. Ihr Gehalt an Eiweiß, ungesättigten Fettsäuren, Aminosäuren, Vitaminen und Mineralstoffen ist höher als bei anderen Weizensorten.

Glutenfrei und lecker

Wer kein Gluten verträgt, kann dennoch genüsslich backen und schlemmen. Eine Vielzahl an leckeren und aromatischen Mehlsorten, wie Quinoa, Buchweizen, Kastanie und Amarant, gestalten die neue Küche ganz wundervoll vielseitig. Glutenfreie Mehlsorten werden als Vollkornmehl verkauft und haben daher richtig Geschmack. Sie schmecken nussig und lassen sich besonders gut in Verbindung mit Obst und Gewürzmischungen aus Zimt, Ingwer und Orangenschalen verwenden.

Haferflocken besitzen nur etwa ¼ des Glutens aus Weizen und Untersuchungen haben gezeigt, dass dieses von Allergikern meist besser vertragen wird. Haferflocken sind auch als glutenfreie Variante erhältlich.

Da glutenfreie Mehle kein natürliches Pflanzeneiweiß als Bindemittel besitzen, ist es ratsam, ihnen dieses beizufügen. Für Rezeptewandler kann „normales Mehl“ durch 4/5 glutenfreies Mehl (z.B. Hirse-, Buchweizen- oder Reismehl) und 1/5 Tapiokastärke oder Pfeilwurzmehl ersetzt werden. Die gemahlenen Wurzeln enthalten viel Eiweiß und verleihen dem Teig Bindung. Glutenfreiem Gebäck sollte außerdem etwas Öl zugefügt werden, um es geschmeidig zu machen.

Frisch gebacken schmecken glutenfreie Kuchen am besten, da sie schnell an Feuchtigkeit verlieren. Ideal sind daher kleine Häppchen wie Muffins. Und was nicht gleich aufgegessen wird, kann eingefroren werden.

Wunderwelt Süße

Süße spielt in Backwaren eine große Rolle. Und meist kennen wir nur den üblichen weißen Haushaltszucker. Dabei gibt es so viele unterschiedliche Süßungsmittel. Sie bringen eine Palette an aufregenden Aromen mit sich, die unser Gebäck noch schmackhafter, saftiger oder fruchtiger machen.
Die „alternativen“ Süßungsmittel haben gegenüber dem raffinierten Zucker viele Vorteile.

Zuckeralternativen haben meistens einen sehr schönen, vollmundigen Geschmack. Ballaststoffe und Spurenelemente dankt unser Körper, aber auch der Gaumen hat etwas davon. Und Stevia ist sogar zahnschonend.

Für Diabetiker oder Bewusst-Köstler spielt der Glykämische Index (GI) eine große Rolle. Dabei hat Traubenzucker den Richtwert von 100. Je höher dieser Wert, umso schneller wird der Zucker im Blut aufgenommen und der Insulinspiegel steigt. Kohlenhydrate mit einem GI-Wert unter 35 werden nach der Montignac Methode als gesund und für Diabetiker (in Maßen) als geeignet angesehen. Die meisten Zuckeraustauschstoffe (z.B. Kokosblütenzucker, Ahornsirup, ...) und Süßstoffe (z.B. Stevia) besitzen einen gegenüber Raffinadezucker deutlich geringeren GI. Wie bei vielem anderen auch ist der Mensch bei der Aufnahme von Zucker aber ein Gewohnheitstier. Daher empfiehlt es sich den täglichen Zuckerkonsum im Auge zu behalten und auf gesüßte Getränke (wie bspw. manche Sorten Sojamilch) zu verzichten. So behältst du den Überblick und kannst die Süße in deinem Leben ganz gewünscht und gesund einbringen.

Im Folgenden gehe ich bewusst nicht auf alle am Markt erhältlichen Süßungsmittel ein. Manche eignen sich nicht zum Backen, andere schmecken mir einfach nicht oder sind für ihre Zusammensetzung derzeit noch zu teuer.

Voll- & Rohrohrzucker

Für den Rohrohrzucker wird der Saft des Zuckerrohrs gefiltert, getrocknet und gemahlen. Er hat eine etwas geringere Süßkraft als Raffinadezucker und lässt sich nach gleichen Angaben ersetzen. Das goldfarbene Granulat schmeckt malzig mit einer leichten Karamell-Note. Der Zucker ist, verglichen mit anderen Zuckeralternativen, recht kostengünstig zu beziehen. Da Vollrohrzucker eine geringe Schmelztemperatur hat und beim Backen die Struktur des Gebäcks beeinflusst, ist er nicht für alle Backwaren geeignet.
Rohrohrzucker bietet eine Zwischenstufe vom Haushaltszucker zum Vollrohrzucker. Er ist teilweise raffiniert und enthält noch bis zu 1% Melasse. Er lässt sich kinderleicht in den gewohnten Angaben ersetzen und schmeckt mild. Die Rohrzuckerarten sind in verschiedenen Kristallgrößen erhältlich.

Je feiner das Granulat umso schneller löst es sich im Teig auf und umso einfacher ist die Verarbeitung. Inzwischen ist im Handel sogar ein Puderzucker aus Rohrohrzucker erhältlich. Er lässt sich aber mit geringem Aufwand und einem guten Standmixer auch selbst herstellen.

Kokosblütenzucker

Das aromatische Granulat wird aus dem Saft des Blütenstands der Kokospalme gewonnen. Er ist insbesondere zum Verfeinern von Gebäck und Speisen geeignet, da er einen feinen Karamellgeschmack aufweist. Außerdem ist Kokosblütenzucker mit seinem niedrigen Glykämischen Index von angeblich 35 interessant für alle Diabetiker. Da er preislich bisher recht hoch angesiedelt ist, eignet er sich vor allem als Topping für Gebäck, Getränke und Salat. Achte darauf, aus welcher Quelle du Kokosblütenzucker beziehst, denn nur wenige bauen ihn nachhaltig und umweltverträglich an.

Stevia

Der Süßstoff wird von vielen aufgrund des Eigengeschmacks, der an Lakritze erinnert, abgelehnt. Dabei ist Stevia ein wertvolles Süßungsmittel, da es keine Karies verursacht und auch keine Kalorien hat. Stevia besitzt eine bis zu 300 mal höhere Süßkraft als Haushaltszucker (je nach Hersteller sind Trägerstoffe zugefügt) und ist daher nicht ganz einfach zu dosieren. In Verbindung mit Agavendicksaft lässt es sich gut für fruchtiges Gebäck verwenden. Sobald dem Stevia andere Geschmacksstoffe wie Banane, Gewürze oder Nussmuse zugefügt werden, verliert sich sein Eigengeschmack. Und zurück bleibt leckeres Gebäck, das ganz ohne Reue vernascht werden darf. Stevia ist als getrockenetes Blatt, pulverisiert oder extrahiert (als Steviolglycosid) erhältlich.

Sirupe

Sirup und Dicksaft haben eine ähnliche Süßkraft wie Haushaltszucker. Wenn Zucker in einem Backrezept durch eine flüssige Zutat wie bspw. Agavendicksaft ersetzt wird, ist darauf zu achten, das Verhältnis von flüssigen zu trockenen Zutaten beizubehalten, d.h. etwas weniger Wasser zugeben.

Agavendicksaft: schmeckt fruchtig süß, ist leicht zu dosieren und macht Backwaren saftig. Die Süße aus Agaven gibt es auch in Pulverform, dann ist sie noch leichter für herkömmliche Rezepte zu verwenden.

Ahornsirup: passt prima zu Obst, Nüssen und in den Frühstücksjoghurt, aber auch auf die Sonntags-Pancakes. Für Ahornsirup gilt ein europäische Qualitätsgrad (AA – D). Von AA nach D wird der Sirup immer kräftiger im Geschmack und dunkler in der Farbe.

Reissüße: gibt es schon länger, als in Deutschland bekannt, und wird vor allem im asiatischen Raum gerne verwendet. Reissüße besitzt eine sehr reine Süße, ohne viele Nebenaromen. Daher lässt sich Reissüße für alle heißgeliebten Rezepte verwenden. Sie ist als Sirup oder Pulver erhältlich und besitzt eine etwas geringere Süßkraft als Haushaltszucker.

Backen ohne Ei – eine Frage des Blickwinkels

Die große Frage nach dem Ei im Teig. Und dabei ist es so leicht zu ersetzen – wenn man betrachtet, was das Ei im Teig eigentlich bewirkt. Es verleiht ihm Bindung, macht ihn locker und treibt ihn, es macht schön saftig und verleiht ihm eine gelbe Farbe.

Noch-nicht-Veganer sind oftmals von den vielen Möglichkeiten überwältigt. Denn je nachdem welche Eigenschaft des Eis im Teig erwünscht ist, bieten sich neue pflanzliche Zutaten an. Trau dich ran!

Die nötige Bindung

Vegane Teige brauchen Bindung, und das geht auch ohne Ei. Das im Mehl enthaltene Gluten (Weizeneiweiß) bindet Rührteige für Muffins & Co. gut. Sobald die Gebäckform allerdings andere Maße annimmt, sollte dem Teig zusätzlich ein (natürliches!) Bindemittel beigefügt werden. Für Kuchen eignen sich Tapiokastärke, Johannisbrotkernmehl, Soja- oder Kichererbsenmehl und Pfeilwurzmehl sehr gut. Bei Käsekuchen nutzt man die Bindung durch Kartoffelstärke und bei glutenfreien Teigen wird gerne zusätzlich mit Reisstärke gearbeitet.

Luftig, locker, leicht

Schon als kleines Kind haben wir dem Teig im Ofen beim Hochbacken zugesehen – und so soll es auch bleiben. Das altbekannte Backtriebmittel Backpulver leistet dazu seinen entscheidenden Beitrag. In veganen Teigen ist tendenziell mehr davon enthalten als in konventionellen Rezepten, aber es darf mit kohlensäurehaltigem Mineralwasser nachgeholfen werden. Neben Backpulver sind Natron, Hirschhornsalz (das heute übrigens rein synthetisch gewonnen wird und daher vegan ist) und Pottasche schöne Triebmittel, die ihre ganz eigenen Backeigenschaften mitbringen.

Saftig soll er sein

Eigelb besteht zu einem hohen Anteil aus Fett, was den Teig saftig und geschmeidig macht. In veganen Teigen lassen sich Äpfel (gerieben oder als Mus), Kartoffeln (gekocht), Tofu oder Sojajoghurt verwenden. Tofu riecht meist etwas herb, wenn er aus der Packung kommt und verleitet eher zu herzhaften Gerichten. Wenn du ihn aber mit etwas Orangensaft im Mixer pürierst, nimmt er das feine Orangenaroma an und macht deine Teige ganz wunderbar saftig. Besonders gut schmeckt das in Brownies.

Gib mir Gelb

Auch für eine schöne Farbe soll gesorgt sein. Nichts trauriger als ein blasses Stück Gebäck aus dem Ofen zu ziehen. Als Gewürze lassen Kurkuma und Safran dein Gebäck in schönem Gelb erstrahlen. Am einfachsten und geschmacklich vielseitigsten ist hingegen der Orangensaft. Er funktioniert besonders gut für Rührteige und macht sie zudem schön saftig.

Gute Fette

Fett ist nicht gleich Fett. Also nicht gleich davonrennen, wenn eines der in diesem Buch heißgeliebten Rezepte nicht mit dem Vermerk „fettreduziert" ausgewiesen ist. Fette sind gut und unser Körper braucht sie, um ordnungsgemäß zu funktionieren. Dabei sollten wir selbst darauf achten, WAS wir essen.

Gegenüber den tierischen Fetten enthalten pflanzliche Fette mehrfach ungesättigte Fettsäuren und sind frei von Cholesterin. Das macht sie im doppelten Sinne wertvoll. Während dem Cholesterin zahlreiche Herz- bis Darmkrankheiten zugeschrieben werden, sind ungesättigte Fettsäuren für unseren Körper unerlässlich. Essentielle Fettsäuren (wie Omega 3 und 6) senken die kardiovaskulären (Herz und Gefäßsystem betreffende) Risiken und unterstützen den körpereigenen Zellaufbau.

Gesunde Fette sind insbesondere in Nüssen und wenig verarbeiteten Ölen enthalten. Aufstrichprodukte wie Margarine lassen sich nach ihrer Zusammensetzung unterscheiden. So wird in den Rezepten dieses Backbuches, wie schon in den vorher gegangenen Veganpassion-Büchern, der Begriff der „veganen Butter" verwendet. Die vegane Butter unterscheidet sich dadurch, dass sie keine gehärteten Fette, und somit keine trans-Fettsäuren (die Mitverursacher von Herzkrankheiten und Krebs sind) enthält.

Nicht alle Öle sind backfest. Hochwertiges Sonnenblumenöl beispielsweise wird durch Hitzeeinwirkung teilweise zersetzt und schmeckt im Backwerk etwas schal. Daher zum Backen am besten Keimöl, Olivenöl, Walnussöl oder als Brat- & Backöl ausgewiesene Produkte verwenden.

Auch Kokosfett ist äußerst gesund. Trotz seines hohen Anteils (ca. 90 %) an gesättigten Fettsäuren ist es dank seiner mittelkettigen Fettsäuren leicht verdaulich und senkt das Infektionsrisiko. Außerdem ist Kokosöl hocherhitzbar (bis ca. 180 °C) und eignet sich daher gut zum Backen.

Fette sind also gar nicht so schlimm, wie allgemein angenommen. Bewusst konsumiert unterstützen sie unseren Organismus und machen schön. Ran an das gute Fett, aber bitte in Maßen.

Gesund mit Antioxidantien

Der Begriff der Antioxidantien ist gerade in aller Munde. Und dabei braucht es keine exotischen Pülverchen und weit eingeflogenen Heilkräfte. Als Antioxidantien oder auch Radikalfänger werden solche Substanzen bezeichnet, die die körpereigene Oxidation (Reaktion von Verbindungen mit einem ungebundenen Elektron) punktuell in unserem Körper verhindern.

Warum ist das so wichtig? Die Oxidation von Zellbausteinen ist eine Kettenreaktion. Sie passiert in unserem Körper jeden Tag und ist mitverantwortlich für den Alterungsprozess. An sich nicht weiter schlimm. Tritt diese Oxidation allerdings vermehrt auf, kann es zu Zellerkrankungen kommen. Enzyme stellen das körpereigene antioxidative Schutzsystem dar. Aufgrund der heutigen Aufnahme von freien Radikalen (durch die Luft oder Lebensmittel) ist es hilfreich, den Körper zu unterstützen. Um von außen durch die Nahrungsaufnahme nachzuhelfen, bedienen wir uns Antioxidantien in Form von Vitaminen (C, E, Provitamin A) und Spurenelementen (Selen, Kupfer, Mangan und Zink) oder sekundären Pflanzenstoffen (Carotinoide). Die heute weit bekannten Superfoods (wie Gojibeeren, Açai, Maca oder Lucuma) enthalten einen hohen Anteil an Antioxidantien. Aber auch bekannte Lebensmittel, wie Möhren, Rote Bete, Sesam und Kakao, bieten einen erfreulichen Anteil an Spurenelementen und sollten häufiger den heimischen Tisch schmücken.

Die meisten Antioxidantien haben ihre volle Wirkung in rohen oder schonend zubereiteten Mahlzeiten. Aber auch für die Backkunst sind sie bestens geeignet, da viele ihrer Inhaltsstoffe auch nach dem Backen erhalten bleiben.

Meine TOP 10 GESUNDE LEBENSMITTEL

... und welche Antioxidantien wirken

1.	Açai, Goji und Blaubeeren	Anthocyane (Antioxidanz)
2.	Karotte	Beta-Carotin (Antioxidanz)
3.	Rote Bete	Betain (Antioxidanz)
4.	Kakao	Flavanole (Antioxidanz)
5.	Kurkuma	Kurkumin (Antioxidanz)
6.	Chia Samen und Hanf	Eiweiß, Calcium und Antioxidantien
7.	Kokosöl	Laurinsäure (mittelkettige gesättigte Fettsäure mit mikrobiellen Eigenschaften)
8.	Sesam	essentielle Aminosäuren und Eiweiß
9.	Matcha (Grüntee)	Polyphenol (Antioxidanz)
10.	Avocado	Alpha-Carotin, Biotin, Vitamin E

Der Spaß mit dem Ersetzen

Wie oft kam das schon vor: Alle guten Vorsätze für gesundes Essen sind gemacht und dann hat man plötzlich unglaubliche Lust auf einen luftig leckeren Schokoladenmuffin mit einer cremigen Haube aus verführerischer Mousse au Chocolat – Toll. Alles über Bord mit den neuen Werten? Natürlich nicht! Schlemmen wollen wir doch alle, es gehört einfach dazu. Es tut der Seele gut und macht uns glücklich. Dabei auch den Körper glücklich zu machen, ist viel einfacher als man vielleicht annehmen mag – du hast es nur bisher nicht ausprobiert.

Gesund leben, mal einfach nebenbei, und trotzdem den Lieblingskuchen genießen. Hier meine Lieblinge in einer (hoffentlich) hilfreichen Tabelle, die dir auf einen Blick aufzeigt, was man wodurch ersetzen kann. Als Anregung zum Nachschlagen und Ausprobieren. Nie wieder ratlos, wenn es darum geht, unerwünschte Zucker, Weißmehl oder Fette vom Menüplan zu streichen.
Ich bin dann mal gesund ...

Beim Ersetzen darauf achten, dass das Verhältnis von festen zu flüssigen Bestandteilen im Teig im Sinne des Rezeptes beibehalten wird. Die Konsistenz muss stimmen!

Die angegebenen Alternativen funktionieren nicht ausnahmslos.

Beachte bitte beim Austauschen von Zucker die Süßkraft der Alternativen.

Weißmehl	Mehl Type 1050 (z.B. Dinkel), teilweise Nussmehl oder Kokosnussmehl glutenfrei: Hirsemehl, Reismehl oder Buchweizenmehl + 1–2 EL Bindemittel und Öl.
Raffinadezucker	Apfelmus, Stevia, Sirup, Vollrohrzucker, Datteln
Butter/Margarine	Banane, Avocado, Keimöl, Kokosöl
Ei	Leinsamenmehl, Tapiokastärke, Kürbis, Apfelmus, Sojajoghurt, Tofu, Kichererbsenmehl, Pfeilwurzmehl
Sahne/Creme	Cashewnüsse (über Nacht eingeweicht), Kokosmus, Avocado
Nüsse	Kürbiskerne, Samen, Hanfsamenmehl, Chiasamen
Schokolade	Carob, Kakaobohnensplitter, rohe Kakaomasse
Soja	Kochsahne: Hafercuisine, Reissahne Aufschlagbare Sahne: Reis- oder Kokossahne Joghurt: Reis- oder Kokosjoghurt Sojamehl: Kichererbsenmehl, Tapiokastärke

LOVE

Bewusst Verzieren

Das Auge isst mit – ob gesund oder nicht. Und gerade bei gesunder Küche ist es so einfach, das Essen bunt, lecker und verführerisch aussehen zu lassen. Wenn man gerade nicht mehr anders kann, als in das süße Stück hinein zu beißen und es einiges an Beherrschung verlangt, alle Arbeitsschritte bis zum letzten auszuführen, dann ist die Arbeit gelungen. Liebe zum Detail geht eben auch gesund: mit Beeren, Fruchtpulvern und Nüssen leuchtet das Gebäck in traumhaften Farbtönen und macht gute Laune.

Nüsse: Mandeln, Macadamia, Kokosstreifen, Pecankerne ... die Vielfalt nimmt kein Ende. Nüsse lassen sich stiften, hacken oder mahlen und sind auch als Ganzes ein schöner Hingucker auf Gebäck. Einfach alles durchprobieren und das Naschen nicht vergessen.

Matcha: Neben der schönen, grünen Farbe sorgt der Matcha Grüntee für ein feines Aroma. Ob im Teig, als Glasur oder Puder, mit grünem Gebäck verblüffst du deine Gäste. Wer eine günstige Alternative (zumindest farblich) zum Matcha sucht, kann Spinatpulver verwenden. Den Spinat schmeckt man auch bei süßem Gebäck (in entsprechender Dosierung) nicht heraus.

Matcha-Puder

2 EL Puderzucker aus Rohrohrzucker
½ TL Matcha Grünteepulver

Puderzucker und Matcha in ein Schälchen sieben und mischen. Kuchen, Plätzchen oder Gebäck mit dem Puder bestäuben.

Trockenfrüchte: Trockenfrüchte bringen Farbe in die Backwelt. Besonders schön sind Cranberries, Bananen- oder Apfelchips. Zum Verzieren lassen sich aus getrockneter Mango, Papaya und Kiwi schöne Formen ausstechen.

Rote Bete Pulver: Einen wundervollen Farbton erhält Gebäck mit Rote Bete Pulver. Der erdige Geschmack harmoniert besonders schön mit Früchten und Schokolade.

Rosa Streudekor

2 EL Rohrohrzucker, grob
½ TL Rote Bete Pulver

Zucker und Rote Bete Pulver in einer kleinen Schale mischen, bis der Zucker rot wird. Das Gebäck mit dem bunten Zucker bestreuen.

Getrocknete, essbare Blüten: Bunt und unfassbar lecker sind Gewürzblütenmischungen. Mit Kornblumen und Rosen lassen sie Gebäck erstrahlen und bringen zugleich einen verführerischen Duft mit sich.

Schokolade: Schokolade geht auch gesund. Die meisten dunklen Schokoladensorten sind vegan. Viele auf dem Markt erhältlichen Sorten enthalten aber Emulgatoren und gehärtete Fette. Dann doch lieber die schnelle Alternative aus Kakaobutter – im Handumdrehen selbst gemacht!

Schokoglasur

100 g Kakaobutter
2 EL Ahornsirup oder Agavendicksaft
60 g Kakao
½ TL Vanille, gemahlen

Die Kakaobutter im Wasserbad schmelzen. Wenn sie vollständig geschmolzen ist, Ahornsirup zugeben, dann Kakao und Vanille hineinsieben. Die Glasur ca. 10 Minuten unter ständigem Rühren abkühlen lassen, bis sie ganz leicht zähflüssig wird. Dann kann sie als Überzug für Cake Pops, Kuchen und Muffins dienen.

CHOCOLAT

10 schnelle Backtipps

Ob ein Missverständnis mit dem heimischen Backofen oder ein Schneebesen mit eigenwilliger Laune – jeder hat es schon mal erlebt. Damit in der veganen Backstube ab sofort überhaupt nichts mehr schief gehen kann, hier 10 kleine Tipps.
Und zur Not gibt es immer noch mein Kontaktformular ...

1

In diesem Backbuch sind die Rezepte für Kuchen und Torten meist für Springformen von 18 cm Durchmesser ausgelegt. Das genügt für einen 2–4 Personenhaushalt locker und man schmeißt nichts weg. Darf es einmal mehr sein, für eine 24/26 cm-Springform die Mengen einfach verdoppeln. Die Backzeit entsprechend verlängern und die Stäbchenprobe machen.

2

Lies dir das Rezept vollständig durch, bevor du mit dem Backen beginnst. So kannst du dir über den Zeitaufwand, sowie die benötigten Zutaten und Utensilien einen Überblick verschaffen. Kaufe alle benötigten Zutaten rechtzeitig und frisch ein. Es wäre doch schade, wenn dir im letzten Moment auffällt, dass etwas fehlt.

3

Teige sollten (wenn nicht anders angegeben) möglichst auf Zimmertemperatur verarbeitet werden. Die verwendeten Zutaten sollten bei der Verarbeitung Raumtemperatur haben und daher rechtzeitig aus dem Kühlschrank genommen werden.

4

Veganen Rührteig und Biskuit nicht zu lange rühren, sonst werden sie klebrig und gehen später weniger gut auf. Dazu am besten einen Schneebesen und kein elektrische Rührgerät verwenden.

5

Den Backofen immer gut (ca. 10 Minuten) vorheizen, bis er die gewünschte Temperatur erreicht hat und sie gleichmäßig verteilt ist. Die Backzeiten sind Richtwerte. Öfen sind leider so unterschiedlich, dass die Backzeit je nach Fabrikat abweicht. Kuchen, Kekse & Co., wenn nicht anders angegeben, immer auf der mittleren Schiene backen.

6

Experimentieren ist toll! Damit das Ergebnis aber das gewünschte in Sachen Geschmack und Konsistenz ist, am besten immer nur eine Zutat zugleich abändern und sich sonst an die Angaben im Rezept halten. So gelingt es sicherlich.

7

Auch wenn die Ungeduld quält und es so herrlich duftet: Den Ofen möglichst nicht während der Backzeit öffnen, so bleibt die Wärmeverteilung im Ofen erhalten.

8

Kuchen, Plätzchen und Quiche (wenn nicht anders angegeben) gut abkühlen lassen, bevor sie angeschnitten oder dekoriert werden.

9

Die fertige Torte einige Stunden kalt stellen, bevor sie angeschnitten wird. Wenn die Sahnetorte eine kurze Transportstrecke aushalten soll, kann sie zuvor etwa eine halbe Stunde in die Tiefkühltruhe gestellt werden.

10

Achte auf die Haltbarkeit deines Gebäcks. Sollte es nicht gleich aufgegessen sein, lässt sich damit auch noch der Folgetag versüßen. Viele Backwaren sind gut haltbar. Allgemein gilt: je mehr Wasser ein Gebäck enthält, umso schneller ist es verderblich.

Teegebäck & Cookies

Graham-Crackers

„Der Vollkorn-Butterkeks mal glutenfrei. Diese Kekse lassen sich auch wunderbar übers Dessert krümeln oder zu einem knusprigen Boden für Käsekuchen verarbeiten.“

Ergibt ca. 40 Cracker.

Für den Keksteig

130 g Buchweizenmehl, Vollkorn
25 g Tapiokastärke
25 g Reisstärke
70 g Vollrohrzucker
½ TL Natron
Je 1 Msp. Vanille, Salz, Zimt, Nelken, gemahlen
50 g vegane Butter, kalt
30 ml Pflanzendrink
50 g Agavendicksaft

Mehl, Stärke, Zucker, Natron und Gewürze in einer Rührschüssel mischen. Die Butter in Flöckchen zugeben, dann Pflanzendrink und Agavendicksaft zufügen. Mit den Händen rasch zu einem Teig kneten.

Den Teig auf einer bemehlten Arbeitsfläche 4–5 mm dick ausrollen und ausstechen. Bei 180 °C Ober-/Unterhitze 8–9 Minuten backen. Auskühlen lassen und vernaschen.

Q Z G F S V

Amarant-Kipferl

MIT SESAM

„Unglaublich aromatisch und herrlich duftend. Probier's aus!"

Ergibt ca. 40 Stück.

Für den Kipferlteig

140 g Amarantmehl, Vollkorn
25 g Tapiokastärke
25 g Reisstärke
25 g Pfeilwurzmehl
100 g Rohrohrzucker
½ TL Natron
Je 1 Msp. Vanille, Zimt, Nelken
1 Prise Salz
Abrieb einer halben Orange
80 g vegane Butter, zimmerwarm
30 ml Pflanzendrink

In einer Rührschüssel Amarantmehl, Tapioka- und Reisstärke, Pfeilwurzmehl, Zucker, Natron, Gewürze, Salz und Orangenschalen mischen. Die Butter in Flöckchen zugeben und mit dem Pflanzendrink zu einem festen Teig kneten. Der Teig sollte über Nacht im Kühlschrank ruhen, damit das Vollkornmehl die Feuchtigkeit aufnimmt und der Teig geschmeidiger wird.

Am nächsten Tag den Teig auf einer mit Mehl bestäubten Arbeitsfläche auf Zimmertemperatur kommen lassen (ca. 1 Stunde). Dann kurz durchkneten und drei ca. 15 cm lange Stränge daraus formen. Jeweils Scheiben von etwa 1 cm abschneiden und diese zu Kipferl formen.

Für die Deko

2 EL Sesam, weiß
2 EL Sesam, schwarz

Die Teiglinge in hellem oder schwarzem Sesam wenden und auf zwei mit Backpapier ausgelegte Bleche legen. Bei 190 °C Ober-/Unterhitze 10–12 Minuten backen. Anschließend gut auskühlen lassen und in einer Metall- oder Glasdose verwahren.

Schoko-Bananen-Cookies

„Banane und Schokolade, die Traumkombination!"

Ergibt 25 Stück.

Für den Keksteig

- 140 g Weizenmehl Type 550 oder Dinkelmehl Type 630
- 50 g Rohrohrzucker
- 1 Msp. Vanille, gemahlen
- ½ TL Backpulver
- 1 Prise Salz
- 1 Banane
- 1 TL Zitronensaft
- 80 g vegane Butter, zimmerwarm
- 50 g Schokodrops, zartbitter

In einer Rührschüssel Mehl, Zucker, Vanille, Backpulver und Salz mischen. Die Banane mit einer Gabel zerdrücken und mit dem Zitronensaft mischen. Mit der Butter zum Mehl geben mit einer Gabel oder dem Knethaken des Rührgerätes zu einem Teig verarbeiten. Zuletzt die Schokoladendrops in den Teig arbeiten.

25 Teiglinge à 15 g abteilen und zu Kugeln formen. Auf einem mit Backpapier ausgelegten Backblech flach drücken. Bei 190 °C Ober-/Unterhitze 13–15 Minuten backen. Anschließend auf dem Blech auskühlen lassen und gut verwahren.

Kokos-Kirsch-Biscotti

MIT LEMONGRAS

Die Sommer-Variante des Italienischen Biscotti. Fruchtig karibisch!

Für den Teig:

320 g Dinkelmehl Type 630
160 g Rohrohrzucker
1 Pck. Vanillezucker
1 EL Speisestärke
1 gestr. TL Backpulver
1 Prise Salz
80 ml Pflanzenöl
100 ml Pflanzendrink
50 g Kirschen, getrocknet
30 g Kokos, geraspelt
1 TL Lemongras, getrocknet (ersatzweise Limettenschalen)

In einer großen Rührschüssel Mehl, Zucker, Stärke, Backpulver und Salz mischen. Öl und Pflanzendrink zugeben und mit einem Kochlöffel zu einem Teig verarbeiten. Kirschen, Kokos und Lemongras nach und nach einarbeiten.

Den Teig zu zwei langen Broten formen und diese auf ein mit Backpapier ausgelegtes Backblech legen. Bei 180 °C Ober-/Unterhitze 35–45 Minuten backen. Die Brote ca. 10 Minuten abkühlen lassen, dann in 1,5 cm dicke Scheiben schneiden und jeweils von beiden Seiten 3–5 Minuten backen.

Das süße Knabbergebäck schmeckt zu Tee oder Kaffee und ist im Sommer in einer Kugel Eis im Obstsalat besonders zu empfehlen!

Tipp

Das feine Aroma von Lemongras lässt sich durch leichtes Mörsern intensivieren.

LOVE
délicieux · délicieux

Hanf-Cookies

FÜR SCHOCOHOLICS

Der Hanf macht die Kekse zu einem besonders nussigen und knackigen Geschmackserlebnis.

Ergibt ca. 40 Kekse.

Für den Mürbeteig

150 g Weizenmehl Type 550
50 g Hanfmehl
20 g Pfeilwurzstärke
20 g Kakao
100 g Rohrohrzucker
2 Pck. Vanillezucker
100 g vegane Butter, zimmerwarm
30 ml Pflanzendrink

In einer Rührschüssel Mehl, Stärke, Kakao und Zucker mischen. Die Butter in Flöckchen zugeben und mit dem Pflanzendrink zu einem gleichmäßigen Teig kneten.

Die Arbeitsfläche mit Mehl bestäuben und den Teig darauf ca. 3 mm dick ausrollen. Teiglinge (ca. 7 cm Durchmesser) ausstechen und diese auf ein mit Backpapier ausgelegtes Backblech legen. Bei 190 °C Ober-/Unterhitze 10–12 Minuten backen. Auskühlen lassen und wer möchte, kann die Kekse noch mit Schokoladenglasur, Fondant oder Nüssen verzieren.

Erdnussplätzchen

MIT INGWER

Naschen und Knuspern ganz ohne Zucker. Probier mal Stevia!

Ergibt 60 Stück.

Für den Mürbeteig

300 g Dinkelmehl Type 1050
1 TL Backpulver
⅓ TL Stevia (Süßkraft von 200 g Zucker)
¼ TL Vanille, gemahlen
1 Msp. Ingwer, gemahlen
1 Prise Salz
100 g Ahornsirup
150 g vegane Butter, zimmerwarm
2 EL Erdnussbutter

Mehl, Backpulver, Stevia und Gewürze in einer Rührschüssel mischen. Mit Ahornsirup, Butter und Erdnussbutter mischen und mit der Gabel oder den Knethaken zu einem Teig verarbeiten. Den Teig zu zwei 20 cm langen Rollen formen und gleichmäßige Stücke abschneiden. Die Teiglinge auf ein mit Backpapier ausgelegtes Backblech legen und mit der Gabel flach drücken. Bei 180 °C Ober-/Unterhitze ca. 10 Minuten goldgelb backen. Die Plätzchen auf dem Backblech auskühlen lassen, dann in einer Dose bis zum nächsten Naschen aufbewahren.

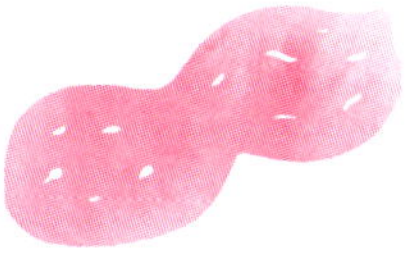

Mhhh...

Nocciolato Cookies

„Fast so schnell gemacht wie aufgegessen."

Ergibt 25 Stück.

Für den Keksteig

60 ml Wasser
2 TL Leinsamenmehl
230 g Dinkelmehl, Vollkorn
50 g Haselnüsse, gemahlen
1 TL Backpulver
¼ TL Vanille, gemahlen
1 Prise Salz
100 ml Pflanzenöl
180 g Ahornsirup
1 EL Kakaobohnensplitter

Das Leinsamenmehl mit Wasser glatt rühren und 5 Minuten quellen lassen. In einer Rührschüssel Mehl, Haselnüsse, Backpulver, Vanille und Salz mischen. Öl, Ahornsirup und die Leinsamenmischung zugeben und mit einem Holzlöffel zu einem Teig verarbeiten. Die Kakaobohnensplitter in den Teig arbeiten. Mit einem kleinen Eisportionierer Kugeln aus dem Teig formen und auf ein mit Backpapier ausgelegtes Backblech legen. Bei 190 °C Ober-/Unterhitze 12–15 Minuten backen.

Die luftigen Cookies schmecken frisch am besten und lassen sich 2–3 Tage in einer Glasdose aufbewahren.

CHOCOLAT

Brownie Lover Cookies

Z S V

Mehr Schokolade geht einfach nicht.

Ergibt 25 Stück.

Für den Teig

1 EL Leinsamenmehl
90 ml Wasser
100 ml Pflanzenöl
180 g Rohrohrzucker
200 g Dinkelmehl, Vollkorn
(oder 230 g Dinkelmehl Type 630)
½ TL Vanille, gemahlen
¼ TL Salz
40 g Kakao
1 gestr. TL Backpulver
100 g Schokodrops, zartbitter

Das Leinsamenmehl mit Wasser mischen und 5 Minuten quellen lassen. Öl, Zucker, Mehl, Vanille, Salz, Kakao und Backpulver zugeben und mit einem Holzlöffel zu einem gleichmäßigen Teig rühren. Dann die Schokodrops einarbeiten.

Zwei Bleche mit Backpapier auslegen und aus dem Teig ca. 25 kleine Kugeln formen. Diese mit ausreichend Abstand auf die Bleche verteilen und auf 1 cm Dicke flach drücken. Bei 180 °C 10–12 Minuten backen. Die Kekse sind noch recht weich, wenn sie aus dem Ofen kommen, erstarren aber beim Abkühlen. Entweder alle gleich naschen oder ganz schnell in einer Keksdose verschließen und für die schönen Momente hervorholen.

Kirschcookies

MIT MANDELN

Knackig, frisch und fruchtig. Das müssen Cookies sein!

Ergibt ca. 50 Stück.

Für den Teig:

1 EL Leinsamenmehl
80 ml Wasser
150 g Hirsemehl, Vollkorn
150 g Reismehl
130 g Rohrohrzucker
1 TL Backpulver
¼ TL Vanille, gemahlen
1 Prise Salz
Abrieb einer unbehandelten Orange
180 g vegane Butter, zimmerwarm
2 EL Pflanzendrink
70 g Kirschen, getrocknet
50 g Mandeln, gestiftet

Für die Deko:

2 EL Mandeln, blanchiert & gestiftet

Leinsamenmehl und Wasser gut verrühren und 5 Minuten quellen lassen. In einer Rührschüssel Mehl, Zucker, Backpulver, Vanille und Salz mischen. Orangenschalen, Butter und Pflanzendrink zugeben und mit den Knethaken des Rührgerätes zu einem Teig verarbeiten. Kirschen und Nüsse einarbeiten und zu einem Teig formen.

Ca. 50 kleine Kugeln auf zwei mit Backpapier ausgelegten Blechen flach drücken und mit ein paar Mandelstiften dekorieren. Bei 190 °C Ober-/Unterhitze 10–12 Minuten backen. Genießen.

Matcha-Mandel-Swirls

"Zeit für etwas Exotik in der Backstube. Mit dem Grün des Matcha Pulvers sehen die kleinen Taler nicht nur verführerisch bunt aus, sie schmecken auch nach etwas ganz Besonderem."

Ergibt ca. 50 Stück.

Für den Plätzchenteig:

400 g Dinkelmehl Type 630
50 g Mandeln, blanchiert und gemahlen
100 g Rohrohrzucker
1 Prise Salz
¼ TL Vanille, gemahlen
200 g vegane Butter, zimmerwarm
50 ml Pflanzendrink (z.B. Mandel)

2 geh. TL Matcha Grünteepulver
1 EL Rohrohrzucker

In einer Rührschüssel Mehl, Mandeln, Zucker, Salz und Vanille mischen. Die Butter in Flöckchen und den Pflanzendrink zugeben. Mit den Knethaken eines Rührgerätes zu einem gleichmäßigen Teig kneten. Die Hälfte des Teiges mit Matcha und Zucker versehen und gleichmäßig einarbeiten.

Auf einer mit Mehl bestäubten Arbeitsfläche jeweils die Hälfte des hellen und grünen Teiges auf 10 x 25 cm ausrollen. Beide Teige aufeinander legen und einrollen. Das funktioniert am besten, wenn der grüne Teig unten liegt. Von der Rolle etwa 1 cm dicke Stücke abschneiden und auf ein mit Backpapier ausgelegtes Backblech legen. Bei 180 °C Ober-/Unterhitze 10–12 Minuten backen. Wer mag kann die kleinen Kringel noch mit Kuvertüre versehen. Wachmacher voraus!

HAPPY

Limoncello & Mohn-Linzer

„Leuchtend gelb bringen die kleinen Linzer Sonne in den Mund … und ins Herz!"

Ergibt ca. 60 Stück.

Für den Mürbeteig

350 g Dinkelmehl Type 1050
30 g Blaumohn, gemahlen
100 g Puderzucker aus Rohrohrzucker
¼ TL Vanille, gemahlen
1 Prise Salz
Abrieb einer halben unbehandelten Zitrone
200 g vegane Butter, kalt
2 EL (30 ml) Pflanzendrink

In einer Rührschüssel Mehl, Mohn, Zucker, Vanille, Salz und Zitronenschale mischen. Die Butter in Flöckchen zugeben und mit dem Pflanzendrink zu einem Teig kneten. Die Arbeitsfläche mit Mehl bestäuben und den Teig darauf 2–3 mm dick ausrollen. Zu gleicher Zahl Teiglinge (ca. 3–4 cm Durchmessesr) mit und ohne Loch ausstechen und auf ein mit Backpapier ausgelegtes Backblech legen. Bei 190 °C Ober-/Unterhitze 8–10 Minuten backen. Auf dem Blech oder einem Kuchengitter vollständig abkühlen lassen.

Für die Limoncello-Füllung

1 TL Vanillepuddingpulver
¼ TL Agar Agar
80 ml Hafercuisine oder andere Pflanzensahne
2 EL Zitronensaft
1 EL Agavendicksaft
100 g Zitronenmarmelade
3 EL Limoncello (oder Zitronensaft)
2 EL Puderzucker aus Rohrohrzucker

Vanillepuddingpulver und Agar Agar in 2 EL Pflanzensahne anrühren. Die verbleibende Sahne mit Zitronensaft und Agavendicksaft kurz aufkochen. Die Agar Agar-Mischung einrühren, nochmals aufkochen, bis die Creme eindickt und dann vom Herd nehmen. Marmelade und Limoncello nach und nach einrühren.

Jeweils einen halben Teelöffel von der Creme auf ein Plätzchen geben und mit dem passenden Deckel versehen. Die fertigen Plätzchen mit etwas Puderzucker bestäuben.

LOVE
LOVE
ENJOY

Kleines & Feines

Cashew-Orangen-Minigugel

„Fruchtig-nussige Mini-Gugel für jede Gelegenheit. Wer keine Mini-Gugel-Förmchen besitzt, kann die kleinen Süßen direkt in Muffinförmchen backen."

Ergibt 12 Stück.

Für den Rührteig

150 g Dinkelmehl Type 630
80 g Rohrohrzucker
1 TL Backpulver
1 Msp. Vanille, gemahlen
1 Prise Salz
Abrieb einer Orange
2 EL (25 g) Minutenpolenta
1 EL (40 g) Cashewmus
1 EL (25 g) Sojajoghurt
25 g Pflanzenöl
1 EL Zitronensaft
40 ml Orangensaft
90 ml Mineralwasser, ungesüßt
etwas vegane Butter

Für die Deko

2 EL Puderzucker aus Rohrohrzucker
1 EL Cashewnüsse, gehackt

In einer Rührschüssel Mehl, Zucker, Backpulver, Vanille, Salz, Orangenschalen und Polenta mischen. Cashewmus, Sojajoghurt, Öl, Saft und Wasser zugeben und mit dem Schneebesen glatt rühren.

12 Mini-Gugel-Formen mit etwas Butter fetten und mit Mehl bestäuben. Den Teig auf die Formen verteilen und bei 170 °C Umluft 20–25 Minuten backen. Die Kuchen in der Form erkalten lassen, dann vorsichtig herauslösen. Mit Puderzucker bestäuben und gehackten Cashewnüssen verzieren. Fertig ist der kleine Glücklichmacher zum Kaffee.

Fakten

Cashew: Mit nur 42 g Fett pro 100 g gehören Cashewkerne zu den fettarmen Nüssen. Ihr hoher Gehalt an Eiweiß und Magnesium machen sie zur perfekten Nervennahrung.

Blaubeer-Madeleines

Madeleines gibt's in Frankreich an jeder Ecke. Die Franzosen wissen eben, was gut ist!

Ergibt ca. 40 Mini-Madeleines oder 20 große.

Für den Rührteig

80 g vegane Butter, zimmerwarm
1 Prise Salz
100 g Puderzucker aus Rohrohrzucker
100 g Sojajoghurt, zimmerwarm
180 g Dinkemehl Type 630
1 EL Speisestärke
1 TL Backpulver
Schale einer halben Zitrone
1 EL Zitronensaft
100 g Blaubeeren

Tipp

Wer keinen Rohrohrzucker als Puderzucker bekommt, kann Rohrohrzucker mit dem Mixer zerkleinern.

In einer Rührschüssel die Butter mit einem Rührgerät schaumig schlagen, bis sie weiß wird. Das kann 3–5 Minuten dauern. Dann Zucker und Salz einrühren. Joghurt, Mehl, Stärke, Backpulver, Zitronenschale und -saft zugeben und mit einem Holzlöffel zu einem homogenen Teig rühren.
Den Teig mit zwei Teelöffeln in die Madeleinesförmchen geben und mit befeuchteten Fingern leicht andrücken. In jede Madeleine ein paar Beeren drücken und anschließend eine Stunde kalt stellen.

Die Förmchen auf einem Rost zunächst bei 220 °C Ober-/Unterhitze backen. Nach ca. 3 Minuten die Hitze auf 180 °C reduzieren und weitere 3–6 Minuten backen. Für große Madeleines die Backzeit bitte anpassen. Die Mini-Kuchen in den Förmchen abkühlen lassen.

Wer mag, kann die köstlichen Frucht-Happen mit Schokolade überziehen.

Eat me
Eat me

Quinoa-Bananen-Minikuchen

Trau dich ran an Quinoa.
Das bunte Korn ist so vielseitig und bringt Schwung in Kuchen & Co.

Ergibt 10 Minikuchen oder 12 Muffins.

Für den Quinoa

80 g Quinoa, bunt
160 ml Wasser, still
1 Prise Salz
1 TL Ahornsirup

Den Quinoa mit Wasser, Salz und Ahornsirup in einen kleinen Topf geben und bei schwacher Hitze und geschlossenem Deckel 20 Minuten köcheln lassen. Dann vom Herd nehmen und beiseite stellen, bis der Quinoa abgekühlt ist und die Flüssigkeit vollständig aufgesogen hat.

Für den Rührteig

240 g Dinkelmehl Type 1050
¼ TL Vanille, gemahlen
1 Prise Salz
1 Msp. Ceylon Zimt
1 Banane
2 TL Zitronensaft
100 g Ahornsirup
160 ml Mineralwasser, ungesüßt
50 ml Pflanzenöl

In einer Rührschüssel Mehl, Vanille, Salz und Zimt mischen. Die Banane auf einem Teller in Zitronensaft mit einer Gabel zerdrücken. Die Banane mit Ahornsirup, Mineralwasser und Öl zum Mehl geben und mit einem Schneebesen glatt rühren. Den Quinoa unterheben.
Den Teig auf die Kuchen- oder Muffinförmchen aufteilen und bei 170° Umluft ca. 25 Minuten backen. Stäbchenprobe machen.

Tipp

Wer's bunt mag, kann die kleinen Kuchen mit Schokoladenglasur und bunten Zuckerperlen verzieren.

Haselnuss-Walnuss-Tartelettes

MIT AHORNSIRUP

„Verführerische Tartelettes mit betörendem Duft. Ein wahrer Genuss für Feinschmecker."

Ergibt eine Tarte von 24 cm oder 4 kleine Tartelettes.

Für den Mürbeteig

180 g Dinkelmehl Type 1050
1 TL Kichererbsenmehl
60 g Rohrohrzucker
1 Prise Salz
100 g vegane Butter
30 ml Pflanzendrink

In einer Rührschüssel Mehle, Zucker und Salz mischen. Die kalte Butter in Flöckchen zugeben und mit dem Pflanzendrink zu einem glatten Teig kneten. Den Teig in die gefettete Tarteform drücken, dabei einen Rand formen. Den Boden mehrmals mit einer Gabel einstechen. Bei 200 °C Ober-/Unterhitze 15–20 Minuten backen. Für die Tartelettes die Backzeit entsprechend (12–15 Minuten) anpassen. In der Form abkühlen lassen.

Für die Ahorncreme

250 ml Hafercuisine oder andere Pflanzensahne
2 EL Speisestärke
¼ TL Vanille, gemahlen
1 Prise Salz
1 EL Zitronensaft
4 EL Ahornsirup
40 g vegane Butter

Die Stärke mit Vanille, Salz, Zitronensaft und Ahornsirup in 2–3 EL Hafercuisine anrühren. Die verbleibende Hafercuisine aufkochen und die Puddingmischung einrühren. Abermals aufkochen, bis der Pudding eindickt. Unter Rühren vom Herd nehmen und beiseite stellen. Etwas abkühlen lassen, dann die Butter in Flöckchen zugeben und einrühren. Die Ahorncreme auf den erkalteten Tarte-Boden geben und glatt streichen.

Für das Nuss-Karamell:

70 g Rohrohrzucker
1 Msp. Zimt, gemahlen
Abrieb einer halben unbehandelten Orange
1 Msp. Salz
2 EL Ahornsirup
100 ml Hafercuisine oder andere Pflanzensahne
60 g Haselnüsse, gehobelt
60 g Walnüsse, gehackt

Zucker, Zimt, Orangenschalen, Salz und Ahornsirup in einen Topf geben und bei mittlerer Hitze karamellisieren. Dabei das Karamell gut im Auge behalten und erst dann mit einem Holzlöffel rühren, wenn der Zucker zu schmelzen beginnt. Die Hafercuisine einrühren, dann die Nüsse unterheben. Das Karamell auf der Tarte verteilen.

Für das Dekor:

50 g Kuvertüre, zartbitter (ohne Sojalecithin, oder siehe Rezept „Schokoglasur“)

Die Schokolade hacken und im Wasserbad schmelzen. Wer mit einem Küchenthermometer ausgestattet ist, kann die Kuvertüre für einen noch schöneren Glanz temperieren. Die Schokolade dekorativ in Streifen über die Tarte geben.

GEBRANNTE

Milchreistartelettes

MIT RHABARBERCOULIS

S V

Getoppt wird das frisch-fruchtige Rezept mit feinen Gewürzblüten. Zum Ausprobieren und Begrüßen der tollen Rhabarber-Saison!

Die Angaben genügen für 4 kleine Tartelettes oder 1 Tarte von 24 cm Durchmesser.

Für den Mürbeteig:

180 g Dinkelmehl Type 1050
½ TL Johannisbrotkernmehl
60 g Rohrohrzucker
1 Prise Salz
100 g vegane Butter, kalt
25 ml Pflanzendrink

In einer Rührschüssel Mehl, Johannisbrotkernmehl, Zucker und Salz mischen. Die Butter in Flöckchen zugeben und mit dem Pflanzendrink zu einem Teig kneten. Dabei rasch vorgehen, damit der Teig nicht warm wird. 4 Tartelettesformen mit etwas veganer Butter einfetten und jeweils ein Viertel des Teiges hineindrücken, dabei einen Rand bilden. Den Boden mehrmals mit einer Gabel einstechen. Den Mürbeteigboden bei 200 °C Ober-/Unterhitze ca. 15 Minuten goldgelb backen. Anschließend in der Form auskühlen lassen.

Für den Milchreis:

1 EL Speisestärke
1 TL Rohrohrzucker
300 ml Pflanzendrink
100 ml Hafercuisine oder andere Pflanzensahne
2 EL Agavendicksaft
1 Prise Salz
100 g Milchreis
1 Msp. Vanille, gemahlen
1 Prise Ceylon-Zimt
2 EL Rohrohrzucker

Stärke und Rohrohrzucker in 30 ml Pflanzendrink anrühren und beiseite stellen. In einem Topf den restlichen Pflanzendrink, Hafercuisine, Agavendicksaft und Salz aufkochen. Den Reis einrühren und bei schwacher Hitze und geschlossenem Deckel ca. 40 Minuten köcheln lassen, bis der Milchreis gar aber noch bissfest ist. Immer wieder mit einem Holzlöffel rühren.

Dann die Stärkemischung, Vanille und Zimt einrühren. Nochmals kurz aufkochen und vom Herd nehmen.

Den Milchreis etwas abkühlen lassen, dann in die Mürbeteigformen geben und glatt streichen. Die 2 EL Rohrohrzucker auf die Tartelettes streuen und mit einem Flambierbrenner karamellisieren.

Für das Rhabarbercoulis

2 Stangen (250 g) Rhabarber
1 Pck. Vanillezucker
½ TL Agar Agar
1–2 EL Himbeermarmelade
1 TL Gewürzblüten

Den Rhabarber schälen und einmal längs teilen, dann in ca. 2 cm lange Stücke schneiden. Bei mittlerer Hitze mit Vanillezucker und Agar Agar in einem Topf garen (ohne Zugabe von Wasser, der Rhabarber verliert schnell Wasser, in dem er gart). Zuletzt die Himbeermarmelade einrühren. Das noch warme Coulis auf den Tartelettes verteilen und mit Gewürzblüten servieren.

Tipp

Für eine glutenfreie Variante verwende einfach den Mürbeteig aus dem Rezept „Schokoladen-Kürbistarte“ Seite 123.

ENJOY
ENJOY

Erdbeer-Joghurt-Muffins

Diese Muffins laden ein zur Gartenparty und versüßen so manchen Sommertag!

Ergibt 12 Muffins.

Für den Rührteig

300 g Dinkelmehl Type 630
140 g Rohrohrzucker
¼ TL Vanille, gemahlen
1 EL Speisestärke
½ Pck. Backpulver
1 Prise Salz
80 ml Pflanzenöl
200 g Sojajoghurt
200 ml Orangensaft
250 g Erdbeeren (oder gemischte rote Beeren)

Mehl, Zucker, Vanille, Stärke, Backpulver und Salz in einer Rührschüssel mischen. Öl, Joghurt und den Orangensaft zugeben und mit dem Schneebesen zu einem glatten Teig rühren. Die Beeren würfeln und mit einem Löffel unter den Teig heben. Den Rührteig auf 12 Muffinförmchen aufteilen und bei 170 °C Ober-/Unterhitze 25–30 Minuten backen.

Tipp

Wer keinen Sojajoghurt verträgt, kann auch auf Reis- oder Kokosjoghurt zurückgreifen. Sehr lecker in Kombination mit den frischen Beeren!

SAFTIGE

Schoko-Physalis-Muffins

„Traut euch ran, die Mehlalternativen sind grenzenlos und schmecken ganz besonders. Ade Langeweile, willkommen Vielfalt!"

Das Rezept ergibt 8 Muffins.

Für den Rührteig

100 g Buchweizenmehl, Vollkorn
20 g Tapiokastärke
20 g Reisstärke
1 EL Pfeilwurzmehl
1 EL (15 g) Kakao
70 g Rohrohrzucker
1 Pck. Vanillezucker
1 TL Backpulver
20 ml Pflanzenöl
65 g Sojajoghurt
100 ml Mineralwasser, ungesüßt
40 g Zartbitterschokolade
10 Physalis

In einer Rührschüssel Mehl, Stärke, Kakao, Zucker und Backpulver mischen. Öl, Joghurt und Mineralwasser zugeben und mit einem Schneebesen zu einem glatten Teig rühren. Die Zartbitterschokolade hacken, die Physalis achteln und unter den Teig heben.

Den Teig auf 8 gefettete Förmchen aufteilen und bei 160 °C Umluft 25–30 Minuten backen. Anschließend in der Form auskühlen lassen. Glutenfreie Kuchen schmecken frisch am besten.

Tipp

Wer ganz doll Lust auf die kleinen, süßen Muffins, aber kein glutenfreies Mehl daheim hat, kann die Menge an Buchweizen, Reis und Tapioka durch Weizen- oder Dinkelmehl ersetzen.

Jostabeeren-Scones

Diese Scones schmecken mit jeder säuerlichen Beerensorte fantastisch. Keiner würde glauben, dass sie aus Mehl Type 1050 gebacken werden?!

Ergibt 6 Stück.

Für den Teig:

250 g Dinkelmehl Type 1050
60 g Rohrohrzucker
½ TL Salz
½ TL Natron
1 TL Backpulver
50 g vegane Butter, zimmerwarm
150 ml Pflanzendrink
80 g frische Jostabeeren oder andere Beeren

In einer Rührschüssel Mehl, Zucker, Salz, Natron und Backpulver mischen. Butter und Pflanzendrink zugeben und mit dem Holzlöffel zu einem lockeren Teig kneten. Vorsichtig die Beeren einarbeiten.
Die Arbeitsfläche mit reichlich Mehl bestäuben und den Teig darauf zu einem Kreis mit ca. 20 cm Durchmesser ausrollen. In sechs Teile schneiden. Die Teiglinge auf ein mit Backpapier ausgelegtes Backblech legen und bei 200 °C Ober-/Unterhitze 10–15 Minuten backen.

Für die Glasur:

3 EL Puderzucker aus Rohrohrzucker
1–2 TL Zitronensaft

Den Puderzucker in ein kleines Schälchen sieben und mit etwas Zitronensaft verrühren. Die Scones etwas abkühlen lassen, dann den Guss als Dekor darüber verteilen.

Mandel-Beerenmuffins

Wenn ich sie backe, esse ich sie. Alle.
Oops! Ach Schatz, du wolltest auch noch einen?

Ergibt 12 Stück.

Für den Rührteig

- 160 g Dinkelmehl, Vollkorn
- 1 Msp. Vanille, gemahlen
- 60 g Mandeln, gemahlen
- 1 TL Backpulver
- 1 Prise Salz
- 50 ml Pflanzenöl
- 100 g Ahornsirup
- 100 g Sojajoghurt
- 30 ml Wasser
- 20 g Agavendicksaft
- 150 g gemischte rote Beeren

Mehl, Vanille, Mandeln, Backpulver und Salz mischen. Mit Öl, Ahornsirup, Joghurt und Wasser zu einem glatten Teig rühren. Die Beeren unterheben. Du kannst auch tiefgekühlte Beeren verwenden und die großen etwas klein schneiden, damit im Förmchen noch Platz für Teig bleibt.

Den Teig auf 12 Muffinförmchen aufteilen und bei 160 °C Umluft ca. 30 Minuten backen. Die Backzeit ist auch davon abhängig, ob du frische oder tiefgekühlte Beeren verwendest und wieviel Wasser sie enthalten. Stäbchenprobe machen und abkühlen lassen.

Melasse-Doughnuts

MIT APFEL

„Herb und süß zugleich kommt der süße Kringel mit aromatischer Melasse daher."

Ergibt 12 Stück.

Für den Rührteig:

150 g Weizenmehl Type 550 oder Dinkelmehl Type 630
70 g Rohrohrzucker
1 Pck. Vanillezucker
1 Msp. Ingwer, gemahlen
1 TL Backpulver
1 Prise Salz
1 Apfel
1 TL Zitronensaft
2 EL (40 g) Sojajoghurt
20 g Melasse
1 EL Apfelessig
80 ml Wasser
25 ml Pflanzenöl

Für das Dekor:

2 EL Puderzucker aus Rohrohrzucker

In einer Rührschüssel Mehl, Zucker, Ingwer, Backpulver und Salz mischen. Den Apfel schälen, in eine Schüssel reiben und mit dem Zitronensaft beträufeln. Mit Joghurt, Melasse, Essig, Wasser und Öl zur Mehlmischung geben. Mit einem Schneebesen glatt rühren. Den Teig auf 12 kleine Doughnutformen aufteilen und bei 170 °C Umluft 20–25 Minuten backen.

Mit etwas Puderzucker bestäuben und losknabbern!

Aronia-Orangenmuffins

a Z G F S V

„Die herbe Beere in einem Rezept ohne Zucker. Zum Reinbeißen!"

Ergibt 12 Muffins.

Kleine Vorbereitung

150 ml Orangensaft
60 g (3 EL) Aroniabeeren, getrocknet oder andere Beeren

Die Aroniabeeren in den Orangensaft geben und über Nacht einweichen. Wer frische, andere Beeren verwendet, kann gleich mit dem Backen loslegen und braucht diese nicht in Flüssigkeit einzulegen.

Für den Rührteig

400 g Dinkelmehl Type 1050
½ TL Stevia (Süßkraft von 80–100 g Zucker)
1½ TL Backpulver
3 EL Pfeilwurzmehl
¼ TL Vanille, gemahlen
1 Prise Salz
Abrieb einer halben unbehandelten Orange
1 Msp. Kurkuma
60 ml Pflanzenöl
60 g Agavendicksaft
150 ml Mineralwasser, ungesüßt
150 ml Orangensaft
60 g Cranberries, getrocknet

In einer Rührschüssel Mehl, Stevia, Backpulver, Pfeilwurzmehl, Vanille, Salz, Orangenschalen und Kurkuma mischen. Die Aroniabeeren abschütten, den Orangensaft auffangen und zur Mehlmischung geben. Mit Öl, Agavendicksaft, Mineralwasser und dem zusätzlichen Orangensaft glatt rühren. Dann die Aroniabeeren, sowie die Cranberries unterheben. Den Teig auf 12 Muffinförmchen aufteilen und bei 170 °C Umluft 20–25 Minuten backen. Stäbchenprobe machen.

Auf geht's zum Backofen!

Fakten

Aronia: Die nordamerikanische Wunderbeere ähnelt optisch der Heidelbeere, schmeckt allerdings säuerlicher und enthält viele Antioxidantien.

Chocolate Addict Cupcakes

Schoko, Schoko, Chocolate Addict Cupcakes!

Ergibt 10–12 Muffins.

Für den Rührteig:

200 g Dinkelmehl, Vollkorn
1 Msp. Stevia (Süßkraft von 60 g Zucker)
½ Pck. Backpulver
3 EL Kakao
¼ TL Vanille, gemahlen
1 Banane, reif
1 EL Zitronensaft
40 g Ahornsirup
1 EL Kokosmus
250 ml Wasser

In einer Rührschüssel Mehl, Stevia, Backpulver, Kakao und Vanille mischen. Die Banane im Mixer pürieren oder mit einer Gabel zerdrücken und mit dem Zitronensaft mischen. Mit Ahornsirup, dem zerlassenen Kokosmus und Wasser zur Mehlmischung geben und zu einem glatten Teig rühren. Auf die Muffinförmchen aufteilen und bei 170 °C Umluft ca. 25 Minuten backen. Auf einem Kuchengitter abkühlen lassen.

Für das Chocolate-Frosting:

1 Avocado, reif
2 EL (30 g) Kakao
1 EL Kakaobutter
60 g Vollrohrzucker

Avocado und Kakao im Mixer mischen. Die Kakaobutter schmelzen und mit dem Zucker zugeben. Fein pürieren. Das Frosting abkühlen lassen, bis es eine cremig feste Konsistenz erreicht, die sich zum Spitzen eignet. Dann in einen Spritzbeutel mit Sterntülle füllen und auf die Muffins verteilen.
Die Cupcakes schmecken besonders gut, wenn sie ein paar Stunden durchziehen durften.

Strudel im Apfel

„Ein Apfel voller Gewürze. So lecker kann gesund Naschen sein."

Ergibt 4 Äpfel.

Für den Strudel im Apfel:

6 Datteln, getrocknet und entsteint
40 g Walnüsse
40 g Mandeln
Je 1 Msp. Zimt, Muskatnuss, gemahlen
¼ TL Vanille, gemahlen
Abrieb einer halben unbehandelten Orange
20 g Amarant, gepufft
40 g vegane Butter, zimmerwarm
4 Äpfel, mittelgroß

Datteln, Walnüsse und Mandeln im Mixer zerkleinern. Mit den Gewürzen, Orangenschalen und Amarant mischen. Dann die zimmerwarme Butter mit einer Gabel einarbeiten.
Bei den Äpfeln das obere Fünftel abschneiden, sodass der Stiel vollständig entfernt ist und der Apfel oben gerade ist. Mit einem Löffel oder Eisportionierer den Apfel innen aushöhlen. Dabei darauf achten, eine ausreichend dicke Wand stehen zu lassen. Die Äpfel mit der Füllung versehen und auf ein mit Backpapier ausgelegtes Backblech setzen. Bei 170 °C Ober-/Unterhitze 25–30 Minuten backen.

Für die Amarant-Gitter:

100 g Amarantmehl, Vollkorn
1 TL Johannisbrotkernmehl
60 g Tapiokastärke
1 Prise Salz
80 g vegane Butter, zimmerwarm
1 EL Agavendicksaft
20 ml Wasser, kalt
1 TL Hafercuisine oder andere Pflanzensahne

In einer Rührschüssel Mehl, Johannisbrotkernmehl, Stärke und Salz mischen. Butter, Agavendicksaft und Wasser zugeben und mit der Gabel zu einem gleichmäßigen Teig verarbeiten.
Den Teig auf einer mit Mehl bestäubten Arbeitsfläche ca. 3 mm dick ausrollen und in Streifen (ca. 8 mm) schneiden. Die Streifen als Gitter übereinander legen, an den Überlappungen etwas andrücken und Kreise (ca. 5 cm Durchmesser) ausstechen. Bei 190 °C Ober-/Unterhitze 8–10 Minuten goldgelb backen.
Die gefüllten Äpfel mit dem Amarantgitter servieren.

love
peace

Aprikosen-Riegel

MIT GOJI UND BANANE

„Snack-Riegel zum Selbermachen. Aber pssst: die machen süchtig!"

Ergibt 16 Riegel.

Für die Riegel

150 g Cashewnüsse
150 g Mandeln
60 g Kürbiskerne
30 g Leinsamen
175 g Aprikosen, getrocknet
30 g Gojibeeren, getrocknet
1 Banane, reif
1 EL Zitronensaft
1 Prise Meersalz
100 g Kokosöl
150 g Haferflocken, fein (glutenfrei)
120 g Agavendicksaft

Cashews und Mandeln im Mixer zerkleinern, dann in eine Schüssel geben. Kürbiskerne, Leinsamen und Aprikosen im Mixer zerkleinern und zu den Nüssen geben. Gojibeeren, Banane, Zitronensaft, Salz und das zerlassene Kokosöl in den Mixer geben und pürieren. Alle Zutaten in der Schüssel mischen. Dann Haferflocken und Agavendicksaft zugeben und verrühren.

Die Masse auf ein mit Backpapier ausgelegtes Backblech geben und mit einem befeuchteten Löffel ca. 2 cm dick mit etwas Druck flach streichen. Bei 180 °C Ober-/Unterhitze 15–20 Minuten backen. 10 Minuten abkühlen lassen, dann mit einem scharfen Messer in 16 gleich große Riegel schneiden. In einer Glasdose verschlossen und kühl gelagert (nicht im Kühlschrank) sind die Riegel 7–10 Tage haltbar.

Tipp

Die schönen Wrapper findest du im Anhang.

Z F S

CHOCOLATE GLAZED
Pumpkin-Doughnuts

Ergibt 12 Stück.

Kleine Vorbereitung:

180 g Hokkaido Kürbis (ohne Kerne und Schale 100 g)
2 EL Wasser
1 EL Zitrone
nsaft

Den Kürbis klein schneiden und mit Wasser und Zitronensaft bei schwacher Hitze und geschlossenem Deckel ca. 15 Minuten garen, bis er weich ist. Dann mit der Gabel zerdrücken und auskühlen lassen.

Für den Doughnut-Teig:

120 g Dinkelmehl Type 630
50 g Rohrohrzucker
1 TL Backpulver
Je 1 Msp. Zimt, Salz, Vanille
Abrieb einer halben unbehandelten Orange
30 ml Pflanzenöl
50 ml Mineralwasser, ungesüßt
50 ml Orangensaft
30 g Schokotropfen, zartbitter

In einer Rührschüssel Mehl, Zucker, Backpulver, Gewürze und Orangenabrieb mischen. Mit Öl, Wasser und Orangensaft glatt rühren. Dann den Kürbis und die Schokotropfen unterheben. Den Teig in gefettete Doughnutformen füllen und bei 170° Ober-/Unterhitze 15–20 Minuten backen. Die Doughnuts ca. 30 Minuten in der Form abkühlen lassen.

Für das Dekor:

100 g Kuvertüre, zartbitter
1 EL bunte Zuckerperlen/Nonpareilles

Die Kuvertüre hacken und im Wasserbad vorsichtig schmelzen. Die Doughnuts damit überziehen und mit Zuckerperlen verzieren. Mjam!

Tipp

Wer keine Doughnutformen hat, kann den Teig mit 30 ml weniger Flüssigkeit zubereiten. In einen Spritzbeutel geben und in Kreisen auf ein Backblech spritzen.

LOVE
LOVE

Beeren-Financiers

Kleine, französische Kuchen mit Beeren und Muskatblüte verfeinert.

Ergibt ca. 15 Stück.

Für den Teig:

100 g Dinkelmehl Type 630
60 g Rohrohrzucker
1 Pck. Vanillezucker
1 gestr. TL Backpulver
½ TL Johannisbrotkernmehl
1 Prise Salz
1 Msp. Muskatblüte, gemahlen
20 ml Pflanzenöl
10 g vegane Butter
Abrieb einer halben unbehandelten Zitrone
100 ml Orangensaft
30 ml Wasser

In einer Rührschüssel Mehl, Zucker, Backpulver, Johannisbrotkernmehl, Salz und Muskatblüte mischen. Öl, die zerlassene Butter, Zitronenschalen, Orangensaft und Wasser zugeben und mit dem Schneebesen glatt rühren.
Den Teig auf 15 gebutterte, kleine Financierformen verteilen. Wer keine solche Formen zuhause hat, kann auch Muffinförmchen verwenden. Bei 200 °C Ober-/Unterhitze 3 Minuten backen, dann die Hitze auf 180 °C reduzieren und weitere 10–12 Minuten goldgelb ausbacken.

Für das Dekor:

2 TL Puderzucker aus Rohrohrzucker

Die Financiers noch warm oder ausgekühlt, mit etwas Puderzucker bestäubt, servieren.

Matcha-Aprikosen-Minimuffins

MIT AHORNGLASUR

„Kleine Wachmacher für Naschkatzen."

Ergibt ca. 30 Minimuffins.

Für den Rührteig:

230 g Dinkelmehl Type 630
50 g Rohrohrzucker
1 Pck. Vanillezucker
3 TL Matcha Grünteepulver
Abrieb einer unbehandelten Zitrone
½ Pck. Backpulver
1 Prise Salz
70 g Aprikosenmarmelade
30 ml Pflanzenöl
1 EL Zitronensaft
1 EL Apfelessig
200 ml Wasser

In einer Rührschüssel Mehl, Zucker, Matcha, Zitronenschalen, Backpulver und Salz mischen. Aprikosenmarmelade, Öl, Zitronensaft, Essig und Wasser zugeben und mit dem Schneebesen zu einem glatten Teig rühren. Den Teig in Mini-Muffinförmchen geben und bei 160 °C Umluft ca. 15 Minuten backen. Stäbchenprobe machen.

Für die Ahornglasur:

2 EL Puderzucker aus Rohrohrzucker
2 EL Ahornsirup
1 EL Zitronensaft

Den Puderzucker in ein Schälchen sieben und mit Ahornsirup und Zitronensaft glatt rühren. Die Muffins auf ein Kuchenrost setzen und noch heiß mit der Ahornglasur beträufeln.

HAPPY BIRTHDAY

BEEREN
SOMMER

Kuchen & Torten

Cheers!
HAPPY
BIRTHDAY
Partygirl

Granatapfel-Zitronenkuchen

Der Gute-Laune-Sommerkuchen. Zum Verschenken und Selberessen!

Das Rezept ergibt eine Kastenform von 18 cm Länge.
Die Wimpelkette findest du im Anhang dieses Buches oder als Download online.

Für den Rührkuchen:

250 g Dinkelmehl Type 630
1 EL Speisetärke
1 EL Tapiokastärke
½ Pck. Backpulver
100 g Rohrohrzucker
2 Pck. Vanillezucker
1 Prise Salz
Abrieb einer unbehandelten Zitrone
80 ml Pflanzenöl
2 EL Sojajoghurt
160 ml Mineralasser, ungesüßt
2 EL Zitronensaft
½ Granatapfel

In einer Rührschüssel Mehl, Stärke, Backpulver, Zucker, Salz und Zitronenschale mischen. Öl, Joghurt, Wasser und Zitronensaft zugeben und mit dem Schneebesen zu einem glatten Teig rühren. Die Kerne aus dem Granatapfel lösen und unterheben.

Eine 18 cm-Kastenform fetten und den Teig hineingeben. Bei 170 °C Umluft 50–60 Minuten backen. Nach ca. 15 Minuten Backzeit den Kuchen einmal längs ca. 1 cm tief einschneiden. In der Form auskühlen lassen und vorsichtig stürzen.

Für das Dekor:

100 g Puderzucker aus Rohrohrzucker
¼ TL Himbeerpulver
15 ml Zitronensaft

Den Puderzucker und das Himbeerpulver in ein Schälchen sieben, mit dem Zitronensaft glatt rühren. Den Kuchen mit der bunten Zuckerglasur verzieren.

Tipp

Wie entkerne ich einen Granatapfel?

1. Verwende eine reife Frucht. Sie macht nicht halb so viel Sauerei.
2. Rolle den Granatapfel mit der flachen Hand und etwas Druck auf der Arbeitsfläche (die nicht angeschnittene Frucht!), sodass sich die Kerne im Inneren lösen.
3. Schneide die Frucht in zwei Hälften. Lege ein Sieb auf ein Schälchen und halte den Granatapfel mit der Schnittfläche nach unten darüber. Stülpe dann die Innenseite nach außen und löse vorsichtig die Kerne. Fange dabei den Saft im Schälchen auf.

Karotten-Apfelkuchen

MIT BUCHWEIZEN

„Saftiger Kuchen aus Buchweizenmehl, oh bitte ja!"

Ergibt eine 18 cm-Springform.

Für den Rührteig:

1 Karotte, gewaschen
½ Apfel, geschält
2 EL Zitronensaft
150 g Buchweizenmehl
20 g Pfeilwurzmehl
20 g Reisstärke
30 g Tapiokastärke
100 g Rohrohrzucker
1 Msp. Ceylon Zimt, gemahlen
1 Prise Salz
½ Pck. Backpulver
60 g Sojajoghurt
40 ml Pflanzenöl
120 ml Mineralwasser, ungesüßt
2 EL Ahornsirup

Karotte und Apfel in eine Schüssel reiben und mit Zitronensaft beträufeln. In einer Rührschüssel Mehl, Stärke, Zucker, Zimt, Salz und Backpulver mischen. Mit Joghurt, Öl, Wasser und Ahornsirup glatt rühren. Dann die Karotten- und Apfelraspeln unterheben. Den Teig in eine gefettete Backform geben und bei 170 °C Umluft 50–60 Minuten backen. Stäbchenprobe machen und in der Form auskühlen lassen.

Für das Dekor:

2 EL Puderzucker aus Rohrohrzucker

Den Kuchen vorsichtig aus der Form lösen und mit Puderzucker bestäuben.

Tipp

Weinsteinbackpulver hat etwas weniger Triebkraft als das Backpulver aus dem Supermarkt. Daher hier etwas mehr verwenden.

Rhabarber-Käsekuchen

MIT MUSKATBLÜTE

„Sündigen mit Rhabarber ist jederzeit erlaubt …"

Ergibt einen Kuchen von 18 cm Durchmesser.

Für den Mürbeteig

120 g Dinkelmehl Type 1050
1 EL Rohrohrzucker
1 Prise Salz
70 g vegane Butter, kalt
4 EL Pflanzendrink

In einer Schüssel Mehl, Zucker und Salz mischen. Die Butter in Flöckchen zugeben und mit dem Pflanzendrink zu einem Teig kneten. Den Teig in die gefettete Springform drücken. Dabei einen 3 cm hohen Rand bilden und den Boden mehrmals mit einer Gabel einstechen. Bei 180 °C Ober-/Unterhitze ca. 15 Minuten backen.

Für die Käsecreme

50 g Speisestärke
¼ TL Vanille, gemahlen
1 Prise Salz
400 g Sojajoghurt
100 g vegane Butter, zimmerwarm
90 g Rohrohrzucker
1 Msp. Muskatblüte, gemahlen

Stärke, Vanille und Salz in ein paar Esslöffeln Joghurt anrühren. Die Butter in einer Rührschüssel mit Zucker und Muskatblüte schaumig schlagen. Die Puddingmischung zugeben und nach und nach den Joghurt einrühren, bis sich eine glatte Masse ergibt.

Für die Rhabarber-Füllung:

2 Stangen (ca. 250 g) Rhabarber
1 EL Himbeermarmelade
1 Pck. Vanillezucker
$\frac{1}{2}$ TL Agar Agar

Den Rhabarber schälen, längs halbieren und in 1 cm lange Stücke schneiden. Bei mittlerer Hitze erwärmen. Dabei kocht er schnell im eigenen Saft. Wenn nötig bis zu 2 EL Wasser zugeben, damit er nicht anbrennt. Himbeermarmelade, Vanillezucker und Agar Agar gemeinsam glatt rühren und zugeben. Köcheln lassen, bis der Rhabarber zerfällt. Dann vom Herd nehmen und beiseite stellen, bis die Füllung Raumtemperatur hat.

$\frac{2}{3}$ der Rhabarberfüllung auf dem vorgebackenen Mürbeteigboden verteilen und die Käsecreme darauf glatt streichen. Den verbleibenden Rhabarber in Punkten auf den Kuchen geben und mit einem Zahnstocher kleine Wirbel erzeugen. Bei 170 °C Umluft ca. 60 Minuten backen. Vor dem Servieren vollständig abkühlen lassen.

Himbeer-Mango-Schnittchen

MIT JOGHURT

Saftig, fruchtig , himmlisch. Hiermit verführst du jeden zum veganen Backen!

Ergibt ein halbes Backblech oder einen Backrahmen von 20 x 30 cm.

Für den Rührteig:

- 200 g Dinkelmehl Type 630
- 90 g Rohrohrzucker
- Abrieb einer halben unbehandelten Zitrone
- ¼ TL Vanille, gemahlen
- 1 EL Speisestärke
- ½ Pck. Backpulver
- 1 Prise Salz
- 50 ml Pflanzenöl
- 140 ml Orangensaft
- 1 EL Aprikosenmarmelade
- ½ Mango

In einer Rührschüssel Mehl, Zucker, Zitronenschale, Vanille, Stärke, Backpulver und Salz mischen. Öl, Orangensaft und Aprikosenmarmelade zugeben und mit dem Schneebesen zu einem glatten Teig rühren. Die Mango schälen, in feine Würfel schneiden und unter den Rührteig heben. Den Teig auf einem halben mit Backpapier ausgelegten Backblech glattstreichen und bei 170 °C Umluft 25–30 Minuten backen. Anschließend vollständig abkühlen lassen.

Für die Zitronen-Buttercreme:

- 10 g Speisetärke
- 1 Msp. Vanille, gemahlen
- 1 geh. TL Rohrohrzucker
- ¼ TL Agar Agar
- 100 g Hafercuisine oder andere Pflanzensahne
- 50 ml Zitronensaft
- Abrieb einer halben unbehandelten Zitrone
- 1 EL vegane Butter

Stärke und Vanille mit Zucker und Agar Agar in 1–2 EL Hafercuisine anrühren. Die restliche Hafercuisine mit dem Zitronensaft aufkochen und die Zuckermischung einrühren. Vom Herd nehmen und in einer Schüssel auf Raumtemperatur abkühlen lassen. Dann den Zitronenabrieb zugeben und die Butter in Flöckchen einrühren. Die Buttercreme auf dem Kuchen glatt streichen und 30 Minuten kalt stellen.

SOMMER
BEEREN

Für den Himbeerguss:

1 EL Himbeermarmelade
200 ml Wasser
1 Pck. Tortenguss
1 EL Rohrohrzucker
250 g Himbeeren

Die Himbeermarmelade passieren und mit dem Wasser mischen. Tortenguss und Zucker in 2 EL Wassermischung glatt rühren. Das verbleibende Wasser aufkochen, dann die Zuckermischung einrühren. Vorsichtig die Himbeeren unterheben. Den Himbeerguss auf dem Blechkuchen verteilen.

Tipp

Durch ihren Blechkuchen-Charakter lassen sich diese Schnittchen gut vorbereiten. Dazu den Kuchen backen und über Nacht mit Alufolie bedecken. Creme und Himbeerguss dann ganz frisch zubereiten.

Exotischer Wirbelkuchen

VOM BLECH

„Ohne Schokolade geht bei uns in der Familie nix. Also gibt's fruchtig marmorierten Kuchen. An Früchten kannst du alles verwenden, was dir lieb ist: Ananas, Papaya, Orange, Apfel, Birne ... immer lecker!"

Ergibt eine Form von 20 x 20 cm. Für ein ganzes Blech verwende die dreifache Zutatenmenge.

Für den Wirbelkuchen

200 g Dinkelmehl Type 630
100 g Rohrohrzucker
1 Msp. Vanille, gemahlen
1 EL Speisetärke
½ Pck. Backpulver
1 Prise Salz
30 ml Pflanzenöl
30 g vegane Butter, zimmerwarm
150 g Sojajoghurt
100 ml Mineralwasser, ungesüßt
1 EL Kakao
1 EL Rohrohrzucker
Abrieb einer halben unbehandelten Zitrone
½ Mango
10 Physalis

Mehl, Zucker, Vanille, Stärke, Backpulver und Salz in einer Rührschüssel mischen. Mit Öl, Butter, Sojajoghurt und Wasser glatt rühren. Den Teig zu gleichen Teilen aufteilen. In die eine Hälfte Kakao und Zucker rühren, unter die andere Zitronenschale heben.

Den Teig abwechselnd löffelweise auf dem gefetteten Kuchenblech verteilen und mit einer Gabel kleine Wirbel hineinziehen. Die Mango schälen und die Physalis von den Blätter befreien. Alles würfeln und auf dem Kuchen verteilen. Bei 180 °C Ober-/Unterhitze ca. 30 Minuten backen. Stäbchenprobe machen. Anschließend in der Form abkühlen lassen.

MARMORIERTER

Apfel-Mohn-Kuchen

Für winterliche Schlemmermäulchen genau das Richtige. Mit Apfel, Mohn, Schokolade und Rotwein werden auch die trüben Tage schön.

Ergibt einen Kastenkuchen von 18 cm Länge.

Für den Rührteig

- 240 g Dinkelmehl Type 630
- 110 g Rohrohrzucker
- 1 Pck. Vanillezucker
- 1 EL Pfeilwurzmehl
- ½ Pck. Backpulver
- 1 Prise Salz
- 40 g vegane Butter, zimmerwarm
- 60 ml Pflanzenöl
- 170 ml Mineralwasser, ungesüßt

In einer großen Rührschüssel Mehl, Zucker, Pfeilwurzmehl, Backpulver und Salz mischen. Die zimmerwarme Butter mit Öl und Mineralwasser zugeben und mit einem Schneebesen glatt rühren. Der Teig ist hier noch etwas zu fest zum Backen, das gibt sich gleich noch!

- 1 Apfel, süß-säuerlich
- 1 EL Zitronensaft
- 2 EL (15 g) Mohn, gemahlen
- 1 geh. EL Kakao
- 40 ml Rotwein

Den Apfel schälen und grob reiben. Mit Zitronensaft beträufeln. Den Teig teilen. In den einen Teil den geriebenen Apfel, sowie den Mohn rühren. In den zweiten Teil Kakao und Rotwein geben.

Für das Dekor

- 1 EL Puderzucker aus Rohrohrzucker

Eine Kastenform leicht fetten, mit Backpapier auslegen und den Teig hineingeben. Bei 160 °C Umluft 45–60 Minuten backen. Stäbchenprobe machen. Den Kuchen ca. 1 Stunde in der Form abkühlen lassen, dann lässt er sich ganz einfach aus der Form lösen. Den marmorierten Apfel-Mohn-Kuchen mit Puderzucker bestreuen und servieren. Lecker!

EXTRA SCHOKOLADIGE

Zucchini-Brownies

„Der Klassiker für Schocoholics. Und die Zucchini? Schmeckt man gar nicht! Aber sie macht die Brownies so wunderbar saftig …“

Ergibt ein halbes Blech oder eine Backform von 20 x 20 cm.

Für den Rührteig

2 EL Leinsamenmehl
100 g Dinkelmehl, Vollkorn
75 g Dinkelmehl Type 1050
130 g Rohrohrzucker
50 g Kakao
1 TL Instant-Espressopulver
1 TL Backpulver
1 Msp. Vanille, gemahlen
½ TL Salz
½ (100 g) Zucchini
50 g vegane Butter
30 g Pflanzenöl
270 ml Wasser, still
50 g Schokotropfen, zartbitter
50 g Haselnüsse, gehobelt

In einer Rührschüssel Mehl, Zucker, Kakao, Espressopulver, Backpulver, Vanille und Salz mischen. Die Zucchini fein reiben und mit zerlassener Butter, Öl und Wasser zum Teig geben. Mit einem Schneebesen zu einem glatten Teig rühren.
Schokotropfen und Haselnüsse mit einem Löffel unterheben.
Den Teig auf einem mit Backpapier ausgelegten Backblech glattstreichen (auf Größe des halben Bleches) und bei 170 °C Umluft ca. 25 Minuten backen.

Gojibeeren-Apfelbrot

**Vollwertkost ganz nach meinem Geschmack.
Dieses Früchtebrot ist übers ganze Jahr gerne auf dem Kaffeetisch gesehen.**

Ergibt 2 kleine Brote oder eine 18 cm-Kastenform.

Für die Apfel-Masse

320 g (ca. 2 Stück) süß-säuerliche Äpfel, z.B. Boskop
1 EL Zitronensaft
60 g Agavendicksaft
1 EL Rum
20 g Gojibeeren, getrocknet
40 g Cranberries, getrocknet
100 g Haselnüsse
20 g Orangeat

Die Äpfel waschen und grob bis auf das Kerngehäuse reiben. Mit Zitronensaft beträufeln und mischen. Agavendicksaft, Rum, Beeren, Haselnüsse und Orangeat zugeben. Mischen und 3–4 Stunden ziehen lassen.

Für den Teig

150 g Dinkelmehl Type 1050
100 g Dinkelmehl Type 630
1 EL Kakao
1 ½ TL Backpulver
½ TL Zimt, gemahlen
1 Msp. Nelken, gemahlen
1 Prise Salz

Nach der Wartezeit Mehl, Kakao, Backpulver, Zimt, Nelken und Salz zu den Äpfeln geben. Mit einem Löffel zu einem Teig kneten.

Zwei kleinere Kastenformen leicht fetten, den Teig hinein füllen und die Brote bei 180 °C Ober-/Unterhitze 35–45 Minuten backen. In der Form auskühlen lassen und dann vorsichtig heraus lösen.

Tipp

Das Früchtebrot lässt sich auch glutenfrei zubereiten. Dazu das Mehl einfach durch Buchweizen- oder Kastanienmehl ersetzen und 1 EL Tapiokastärke hinzufügen.

Rote Bete-Apfelkuchen

Saftiger Kastenkuchen in fröhlichen Farben.

Ergibt einen Kastenkuchen à 18 cm.

Für den Rührkuchen:

1 Apfel, süß-säuerlich
½ Rote Bete
1 EL Zitronensaft

250 g Dinkelmehl Type 1050
½ Pck. Backpulver
Je 1 Msp. Vanille, Koriander, Zimt
1 Prise Salz
Abrieb einer halben unbehandelten Zitrone
20 ml Pflanzenöl
80 g Reissirup
100 ml Mineralwasser, ungesüßt
130 ml Orangensaft
etwas vegane Butter

Den Apfel und die Rote Bete schälen und fein reiben. Mit Zitronensaft beträufeln.
In einer Rührschüssel Mehl, Backpulver, Gewürze und Zitronenabrieb mischen. Mit Öl, Reissirup, Mineralwasser und Orangensaft zu einem glatten Teig rühren. Die Apfel-Rote Bete-Mischung mit einem Löffel unterheben.

Eine Kastenform mit etwas veganer Butter fetten und den Teig darin bei 170 °C Umluft ca. 45 Minuten backen.

Für die Dekoration:

50 g Kokosmus
1 TL Reissirup
1 EL Walnüsse, gehackt

Das Kokosmus im Wasserbad vorsichtig erwärmen und mit dem Reissirup mischen. Die Glasur auf dem Kuchen verteilen und die gehackten Walnüsse darüber streuen.

Fakten

Rote Bete: Das enthaltene Betanin färbt die Rübe rot. Und schützt unsere Zellen. Rote Bete ist kalorienarm und enthält Vitamine und Mineralstoffe.

a Z G F S V

SCHWARZ-WEISSE

Schoko-Kokostorte

„Sieht aus wie eine Sünde, ist sie aber nicht!"

Ergibt eine Torte mit 18 cm Durchmesser.

Für das Kokosbiskuit:

250 g Dinkelmehl Type 1050
250 g Dinkelmehl Type 630
250 g Rohrohrzucker
2 Pck. Vanillezucker
50 g Kokosflocken, fein
1 Pck. Backpulver
Saft und Abrieb einer halben unbehandelten Zitrone
40 g Kokosmus
60 ml Pflanzenöl
100 g Sojajoghurt
400 ml Wasser

In einer großen Rührschüssel Mehl, Zucker, Kokosflocken, Backpulver und Zitronenschale mischen. Das Kokosmus leicht erwärmen, sodass es cremig wird, dann mit Zitronensaft, Öl, Joghurt und Wasser zum Mehl geben und zu einem glatten Teig rühren. Den Kokosteig auf drei 18 cm-Springformen verteilen und bei 170 °C Umluft ca. 40 Minuten backen. In den Formen abkühlen lassen.

Für die Schokoladencreme:

100 g Cashewnüsse
120 g Kokosöl
50 g Agavendicksaft
60 g Kakao
50 g Datteln, getrocknet und entsteint
200 ml Pflanzendrink
1 Banane, reif

Die Cashewnüsse über Nacht (oder mindestens 4 Stunden) in Wasser einweichen. Tags darauf das Kokosöl zerlassen und mit Agavendicksaft, Kakao, Datteln, Pflanzendrink und Banane in den Mixer geben und pürieren. Die Creme ca. eine halbe Stunde kalt stellen.

In der Zwischenzeit die Kuppeln der Biskuitböden abschneiden und diese somit begradigen. Einen Biskuitboden auf eine Tortenplatte legen und mit 2 EL Schokoladencreme bestreichen, den zweiten daraufsetzen und abermals 2 EL Creme darauf verteilen. Den dritten Boden auflegen und die Torte rundherum mit Creme bestreichen, dabei 3 – 4 EL Creme zurückbehalten. Nach Belieben mit Kokosflocken bestreuen. Die übrige Creme in einen Spritzbeutel füllen und die Torte damit verzieren.

Die Torte hält sich gekühlt ca. 3 Tage frisch.

Tipp

Für eine sojafreie Variante den Joghurt durch Apfelmus ersetzen.

Bunte Obsttorte

MIT WEISSER SCHOKOLADE

Bunte Feierlaune für deine Gartenparty!

Ergibt eine Torte mit 18 cm Durchmesser.

Für den Rührkuchen

200 g Dinkelmehl Type 630
1 gestr. TL Johannisbrotkernmehl
¼ TL Vanille, gemahlen
1 TL Backpulver
½ TL Natron
Abrieb einer unbehandelten Orange
1 Prise Salz
30 g Vollrohrzucker
80 g Agavendicksaft
1 EL Apfelessig
1 EL (35 g) Apfelmark, ungesüßt
30 ml Pflanzenöl
20 g vegane Butter, zerlassen
180 ml Pflanzendrink

In einer Rührschüssel Mehl, Johannisbrotkernmehl, Vanille, Backpulver, Natron, Orangenschalen, Salz und Zucker mischen. Agavendicksaft, Essig, Apfelmark, Öl, Butter und Pflanzendrink zugeben und zu einem glatten Teig rühren. Zwei Backformen mit 18 cm Durchmesser fetten und den Teig darauf aufteilen. Bei 170 °C Umluft 25–30 Minuten goldgelb backen. In den Formen vollständig auskühlen lassen.

Für die Beeren-Creme

150 ml Haferscuisine oder andere Pflanzensahne
20 g Speisetärke
¼ TL Vanille, gemahlen
1 Msp. Agar Agar
60 g gemischte rote Beeren
25 g Agavendicksaft
30 g vegane weiße Schokolade

Stärke, Vanille und Agar Agar in 2 EL Sahne anrühren. Die verbleibende Sahne mit Beeren und Agavendicksaft aufkochen, dann die Stärkemischung einrühren. Wenn der Pudding eindickt vom Herd nehmen und unter Rühren leicht abkühlen lassen. Die Schokolade hacken und unterziehen. Die Creme auf Zimmertemperatur abkühlen lassen.

Die beiden Kuchen – wenn nötig – oben gerade abschneiden. Einen Kuchen auf eine Tortenplatte setzen und mit einem Tortenring umschließen. Die Beeren-Creme daraufgeben, glatt streichen und den zweiten Boden mit der Unterseite nach oben darauflegen.

Für das bunte Obst:

30 g vegane weiße Schokolade
1 EL Hafercuisine oder andere Pflanzensahne
1 Banane
1 Kiwi
50 g Himbeeren
½ Pck. Tortenguss
150 ml Wasser
1 TL Agavendicksaft

Die Schokolade mit der Sahne im Wasserbad schmelzen, bis sich eine cremige Ganache ergibt. Die Ganache auf die Torte streichen. Das Obst nach Belieben klein schneiden und in Kreisen auf die Torte legen. Den Tortenguss mit Wasser und Agavendicksaft kalt anrühren. Aufkochen, bis er eindickt, dann vom Herd nehmen. Leicht herunterkühlen lassen, bis der Tortenguss sämig wird, dann über den Früchten verteilen.

Die Torte vor dem Servieren mindestens 2 Stunden kalt stellen.

Rhabarber-Tartelettes

Die schöne Säure des Rhabarbers schmeckt besonders gut in Verbindung mit Vanille oder Zimt. Dazu eine cremige Käsekuchen-Füllung ... wirklich himmlisch!

Das Rezept ergibt eine Tarte mit 24 cm Durchmesser oder 4 kleine Tartelettes.

Für den Mürbeteig:

150 g Dinkemehl Type 630
55 g Rohrohrzucker
1 Prise Salz
80 g vegane Butter
1–2 EL Pflanzendrink

Mehl, Zucker und Salz mischen. Die Butter in Würfeln mit dem Pflanzendrink zugeben. Mit der Gabel zu einem festen Tag kneten. Den Teig in Folie gewickelt 1 Stunde kalt stellen.

Für die Käsecreme:

250 g Sojajoghurt
50 g vegane Butter
2 EL Rohrohrzucker
2 TL Speisestärke
½ TL Vanille, gemahlen
1 Schuss veganer Eierlikör oder Himbeergeist

1½ Stangen Rhabarber
20 Blaubeeren

Den Joghurt über Nacht im Kaffeefilter abtropfen lassen.
Die zimmerwarme Butter aufschlagen, dann den Zucker, die Stärke und Vanille einrühren. Nach und nach den abgetropften Joghurt unterheben. Mit Alkohol abschmecken.
Den Mürbeteig auf einer bemehlten Arbeitsfläche ausrollen. Die gewünschte Form fetten und den Teig hineindrücken. Den Boden mit einer Gabel mehrfach einstechen. Die Creme darauf verteilen.

Den Rhabarber waschen und wenn nötig schälen. Den in Stücken auf die Käsecreme legen und die Blaubeeren darüber verteilen. Bei 190 °C Ober-/Unterhitze ca. 25 Minuten (die Tarte ca. 45 Minuten) backen. Vor dem Anschneiden mindestens 1 Stunde abkühlen lassen.

Kokosblüten-Orangentorte

„Mit der aromatischen Süße von Kokosblüten ist diese Torte etwas ganz Besonderes."

Ergibt eine Torte mit 18 cm Durchmesser.

Für das Biskuit:

320 g Dinkelmehl Type 630
¼ TL Vanille
1 Prise Salz
Abrieb einer halben unbehandelten Orange
Abrieb einer halben unbehandelten Zitrone
½ Pck. Backpulver
180 g Kokosblütenzucker
200 ml Orangensaft
50 ml Wasser
1 EL Apfelessig
60 ml Pflanzenöl

In einer Rührschüssel Mehl, Vanille, Salz, Zitruszesten und Backpulver mischen. Den Kokosblütenzucker in lauwarmem Orangensaft auflösen oder kurz gemeinsam mixen. Mit Wasser, Essig und Öl zum Mehl geben und glatt rühren. Den Teig auf 3 gefettete 18 cm-Springformen aufteilen. Bei 160 °C Umluft ca. 20 Minuten backen. Stäbchenprobe machen und in der Form abkühlen lassen.

Für die Füllung:

1 Orange
80 ml Orangensaft
1 geh. EL Speisetärke
2 EL Agavendicksaft
100 ml Hafercuisine oder andere Pflanzensahne
30 g vegane Butter
30 g vegane weiße Schokolade (ohne Sojalecithin)
1 EL Zitronensaft
Abrieb einer unbehandelten Orange
¼ TL Vanille, gemahlen

Die Orange schälen und filetieren. Die Biskuitböden, wenn nötig, begradigen und einen auf eine Tortenplatte legen. Mit den Orangenfilets belegen.
Den Orangensaft mit Stärke und Agavendicksaft glatt rühren. Die Sahne aufkochen und die Stärkemischung hineinrühren. Kurz aufkochen, bis der Pudding eindickt, dann vom Herd nehmen. Unter Rühren abkühlen lassen. Butter und Schokolade im Wasserbad schmelzen und unter den Pudding ziehen, dann Zitronensaft, Orangenabrieb und Vanille einrühren. Leicht abkühlen lassen, bis die Creme eine streichfähige, nicht zu flüssige Konsistenz erreicht hat.

1–2 EL der Orangencreme auf den Orangenfilets verteilen, ein zweites Biskuit darauflegen und die verbleibende Creme darauf glatt streichen. Das dritte Biskuit darauflegen und die Torte ca. 30 Minuten kühlen.

Für die Ganache:

200 g Kuvertüre, zartbitter (ohne Sojalecithin)
80 g Hafercuisine oder andere Pflanzensahne

Die Kuvertüre hacken. Die Sahne aufkochen, leicht abkühlen lassen und dann die gehackte Kuvertüre einrühren. Rühren, bis die Schokolade vollständig geschmolzen ist. Dann etwas abkühlen lassen, bis die Konsistenz nicht mehr ganz so flüssig, aber noch streichfähig ist. Die noch weiche Ganache mit einer Palette auf und um die Torte streichen.

Für das Dekor:

½ TL Rote Bete Pulver
½ TL Matcha Grünnteepulver
½ TL Curcuma, gemahlen

Die färbenden Pulver als Dekor über die Torte sieben.

Tipp

Für eine günstige Alternative kann der Kokosblütenzucker durch Vollrohrzucker ersetzt werden.

Q Z
G F
S V

Schokoladen-Kürbistarte

„Herrlich aromatisch und unsagbar lecker."

Ergibt eine 35 x 12 cm-Tarteform oder eine Springform mit 24 cm Durchmesser.

Für den Mürbeteig

150 g Buchweizenmehl, Vollkorn
30 g Reisstärke
30 g Sojamehl oder Kichererbsenmehl
1 Prise Salz
50 g Rohrohrzucker
120 g vegane Butter, zimmerwarm
50 ml Pflanzendrink

Die Zutaten in einer Rührschüssel mit der Gabel zu einem Teig kneten. Eine Tarteform (oder Springform) mit Butter einfetten. Den Teig hineindrücken, dabei einen 2 cm hohen Rand bilden. Den Boden mehrmals mit der Gabel einstechen.
Bei 190 °C Ober-/Unterhitze auf mittlerer Schiene ca. 10 Minuten vorbacken. Aus dem Ofen holen und beiseite stellen.

Für die Kürbisfüllung

500 g Sojajoghurt
180 g Hokkaido Kürbis (ohne Schale und Kerne 100 g)
2 EL Wasser
2 EL Zitronensaft
1 TL Ahornsirup
30 g Vanillepuddingpulver
140 g Rohrohrzucker
½ TL Backpulver
50 g Hafercuisine oder andere Pflanzensahne
50 g vegane Butter, zimmerwarm
1 EL (40 g) Mandelmus
1 Msp. Muskatnuss, gemahlen
1 Msp. Zimt, gemahlen

Den Sojajoghurt im Kaffeefilter mindestens 24 Stunden abtropfen lassen, bis er die Hälfte seines Gewichts an Flüssigkeit verloren hat und eine sämige Konsistenz besitzt.
Den Kürbis schälen, entkernen und in kleine Stücke schneiden. Mit Wasser, Zitronensaft und dem Ahornsirup bei schwacher Hitze und geschlossenem Deckel ca. 15 Minuten garen, bis er weich ist. Abkühlen lassen, dann mit der Gabel zerdrücken.

In einer Rührschüssel Puddingpulver, Zucker und Backpulver mischen. Sojaquark, Sahne, Butter und Mandelmus zugeben und glatt rühren. Gewürze unterheben. 4 Esslöffel der Füllung für den Schokoladenteil beiseite stellen, den Kürbis in die verbleibende Creme rühren.

Für die Schokoladenfüllung

40 g Kuvertüre, zartbitter
1 EL Hafercuisine oder andere Pflanzensahne
1 EL Rohrohrzucker
1 EL Kakao
1 EL Rum oder Orangensaft

Die Kuvertüre hacken und im Wasserbad schmelzen. Dann die zimmerwarme Sahne, Zucker, Kakao und Rum einrühren. Die Mischung in die 4 Esslöffel der hellen Füllung einrühren.

Die helle und dunkle Füllung abwechselnd auf dem Mürbeteig verteilen und mit der Gabel ein Marmormuster hineinrühren.

Bei 180 °C Ober-/Unterhitze ca. 30 Minuten backen. Vor dem Anschneiden mindestens 1 Stunde abkühlen lassen.

Exotisches Bananenbrot

„Herrlich sommerlich und fruchtig frisch!"

Ergibt 2 kleine Brote à 12 cm oder ein großes mit 18 cm Länge.

Kleine Vorbereitung

100 g Mango, getrocknet
100 g Bananen, getrocknet
50 ml Rum

Für das Bananenbrot

1 Apfel
1 Banane, reif
2 EL Zitronensaft
250 g Dinkelmehl Type 630
½ Pck. Backpulver
1 TL Johannisbrotkernmehl
¼ TL Vanille, gemahlen
¼ TL Salz
2 EL (50 g) Mandelmus
80 g Ahornsirup
50 ml Pflanzendrink (z.B. Mandeldrink)
30 g Ingwerstäbchen, kandiert
1 EL Zitronat, gehackt
60 g Kokoschips

Die getrockneten Mangos und Bananen grob hacken und im Rum 4 Stunden oder über Nacht einweichen lassen. Anschließend den Apfel schälen und hineinreiben. Die Banane mit der Gabel zerdrücken und mit Zitronensaft beträufeln, dann zum Obst geben und umrühren.

In einer Rührschüssel Mehl, Backpulver, Johannisbrotkernmehl, Vanille und Salz mischen. Nussmus, Ahornsirup und Pflanzendrink zugeben und mit den durchgezogenen Früchten mischen. Dazu am besten einen Holzlöffel verwenden. Der Teig sollte eine rührbare, aber nicht zu flüssige Konsistenz haben.

Ingwerstäbchen und Zitronat hacken und mit den Kokoschips vorsichtig unter den Teig heben. Zwei kleinere Kastenformen mit etwas Pflanzenfett einreiben, den Teig hineinfüllen und die Brote bei 180 °C Ober-/Unterhitze 35–45 Minuten backen. Ein großes Brot etwa 60 Minuten backen. In der Form auskühlen lassen und dann vorsichtig herauslösen.

Maulbeer-Honigkuchen

„Die leckerste Recycling-Methode seit Erfindung der Dose."

Ergibt 2 Dosenkuchen oder einen Kastenkuchen von 18 cm.

Für den Rührteig

- 100 g Dinkelmehl Type 1050
- 150 g Dinkelmehl Type 630
- 1 TL Johannisbrotkernmehl
- ¼ TL Vanille, gemahlen
- 1 ½ TL Backpulver
- 1 TL Natron
- Abrieb einer unbehandelten Orange
- Je 1 Msp. Ingwer, Zimt, Muskatnuss
- 1 Prise Salz
- 80 g Ahornsirup
- 1 EL (35 g) Apfelmark, ungesüßt
- 100 ml Reisdrink
- 60 g Maulbeeren, getrocknet
- 30 g vegane Butter
- 30 ml Pflanzenöl
- 1 EL Apfelessig
- 120 ml Wasser
- 1 EL Ingwerstäbchen, kandiert (optional)

In einer Rührschüssel Mehl, Johannisbrotkernmehl, Vanille, Backpulver, Natron, Orangenschalen, Gewürze und Salz mischen. Ahornsirup und Apfelmark zugeben. Reisdrink und Maulbeeren im Mixer pürieren, die Butter zerlassen. Die Maulbeer-Mischung, Butter, Öl, Apfelessig und Wasser zugeben und mit dem Schneebesen zu einem glatten Teig rühren. Den kandierten Ingwer hacken und unterheben.

Zwei Dosen mit etwas Butter einfetten und den Teig einfüllen. Bei 170 °C Umluft ca. 30 Minuten backen. Wer eine Kastenkuchenform verwenden möchte, bäckt den Kuchen 40–50 Minuten. Mit einem Holzstäbchen die Probe machen, dann auskühlen lassen. Den Kuchen vorsichtig aus den Dosen lösen und mit Puderzucker zu Kaffee oder Tee servieren.

Tipp

Die Maulbeere bringt ein intensives Honigaroma mit. Wer keine Maulbeeren bekommt, kann an ihrer Stelle auch Datteln verwenden.

HAPPY HAPPY HAPPY

love it!

WITH LOVE

Backen ohne Backen

Rohkostpralinen
ANANAS-APRIKOSE

Schnell mal aus dem Hut gezaubert, wenn sich spontan Besuch ankündigt und man denkt „eigentlich hab ich nichts zum Backen da".

Ergibt ca. 30 Stück.

Für die Pralinen:

50 g Ananas, getrocknet
50 g Aprikosen, getrocknet
80 g Datteln, getrocknet und entsteint
30 g Kakao
20 g Kokosöl
1 TL Vanille, gemahlen
50 g Mandeln, gemahlen
25 g Agavendicksaft

Die Trockenfrüchte im Mixer zerkleinern oder mit einem scharfen Messer fein hacken. Das Kokosöl vorsichtig erwärmen und schmelzen. Alle weiteren Zutaten zugeben und gut mischen. Die Pralinenmasse zu Kugeln formen und auf einen Teller legen. 2–3 Stunden kühlen.
In einer Glasdose halten sich die Rohkostpralinen bis zu einer Woche frisch.

Amarant-Schokohappen

MIT MANDELN

„Ganz besonders werden die kleinen Schokopralinen durch das gepoppte Amarant und den zarten Geschmack des Kokosblütenzuckers."

Ergibt ca. 50 Stück.

Für die Pralinen:

100 g Kokosöl
20 g Kakaobutter
50 g Kakao
¼ TL Vanille, gemahlen
70 g Kokosblütenzucker oder Vollrohrzucker
2 EL Ahornsirup
1 Prise Salz
2 EL Mandeln, gestiftet
2 EL Amarant, gepoppt

Kokosöl und Kakaobutter vorsichtig schmelzen. Mit Kakao, Vanille, Zucker, Ahornsirup und Salz mischen. Kurz stehen lassen, damit der Zucker und das Salz sich auflösen können. Die Masse bleibt aber etwas körnig.

Die Schokolade in Pralinenformen füllen und mit Mandelstiften und Amarant bestreuen. 2 Stunden bei Raumtemperatur stehen lassen, dann ca. 1 Stunde kühlen. In dieser Zeit wird sich an der Oberfläche das Kokosöl absetzen und es entsteht eine zweischichtige Praline. Vorsichtig aus der Form lösen. In einer Dose, luftdicht verschlossen und gut gekühlt, halten sich die Pralinen 6–8 Tage frisch.

love it!

UNWIDERSTEHLICHE

Chia-Brownies

Die muss man einfach lieben!

Ergibt eine quadratische 15 cm-Form oder 9 Brownies.

Für den Boden:

- 200 g Datteln, getrocknet und entsteint
- 50 g Mandeln
- 50 g Walnüsse
- 2 EL Agavendicksaft
- 50 g Kakao
- 2 EL Kokosblütenzucker oder Vollrohrzucker
- 30 g Chiasamen
- 75 ml Wasser

Datteln, Mandeln und Walnüsse mit dem Mixer zerkleinern. In eine Rührschüssel geben und mit Agavendicksaft, Kakao, Zucker, Chia und Wasser mischen. Eine quadratische 15 cm-Backform mit Backpapier auslegen und den Teig hineingeben. Mit einem befeuchteten Löffel glatt streichen. Kalt stellen. In der Zwischenzeit die Glasur vorbereiten.

Für die Schokocreme:

- 50 g Datteln, getrocknet und entsteint
- 40 g Kakao
- 50 g Kokosöl
- 75 ml Wasser, lauwarm

Datteln, Kakao, das geschmolzene Kokosöl und Wasser gemeinsam in den Mixer geben und 5–10 Minuten, je nach Leistung des Mixers, pürieren.
Die Schokoladencreme auf den Brownies verteilen und für 30 Minuten kalt stellen. Anschließend in 9 Stücke schneiden und servieren.

Tipp

Mit getrockneten Kirschen bekommen die Brownies eine fruchtige Note.

WITH LOVE

Kürbis-Hafer-Happen

„Würzige Knusperbällchen für Naschtanten."

Ergibt 30 Stück.

Kleine Vorbereitung

240 g Hokkaidokürbis (ohne Schale und Kerne etwa 130 g)
1 EL Zitronensaft
1 EL Karottensaft
2 EL Wasser

Den Kürbis schälen, entkernen und in kleine Stücke schneiden. In einem kleinen Topf mit Zitronensaft, Karottensaft und Wasser begießen. Bei mittlerer Hitze und geschlossenem Deckel ca. 10 Minuten dämpfen. Anschließend mit der Gabel pürieren und abkühlen lassen.

Für die Happen

100 g Datteln, getrocknet und entsteint
50 g Cranberries, getrocknet
1 EL Leinsamen, geschrotet
50 g Haferflocken, fein (glutenfrei)
50 g Reisflocken (ersatzweise Mehrkornflocken)
30 g Reissirup
50 g Kürbiskerne
Je 1 Prise Zimt, Ingwer, Koriander, Muskat, Vanille
1 Prise Salz

Datteln und Cranberries mit dem Mixer zerkleinern. In einer Rührschüssel Leinsamen, Haferflocken, Reisflocken, Reissirup, Kürbiskerne, Gewürze und Salz mischen. Mit dem Kürbispüree und der Dattelmischung zu einem homogenen Teig verarbeiten. Die Menge eines Teelöffels jeweils zu einer Kugel rollen. Die Happen sind im Kühlschrank mehrere Tage haltbar.

Tipp

Die Kürbiskerne für das Rezept in der Pfanne rösten. So wird der Geschmack noch intensiver.

Matcha-Mango-Torte

„Cremiger Sommergenuss mit fruchtigen Aromen."

Ergibt eine Torte von 18 cm Durchmesser.

Für den Boden

100 g Mandeln
40 g Datteln, getrocknet und entsteint
1 TL Mandelmus
1 TL Agavendicksaft

Die Cashewnüsse über Nacht (oder mindestens 4 Stunden) in Wasser einweichen.

Für den Boden Mandeln und Datteln im Mixer zerkleinern. Mit Mandelmus und Agavendicksaft mischen. Eine 18 cm-Springform mit Backpapier auslegen und die Mischung für den Boden hineingeben. Mit den Fingern leicht festdrücken.

Für die Matcha-Mango-Creme

100 g Cashewnüsse
1 Mango, reif
½ Banane, reif
1 Handvoll Spinat
½ TL Matcha Grünteepulver
1 kleines Stück Ingwer
1 EL Agavendicksaft
30 ml Zitronensaft
1 Msp. Vanille, gemahlen
200 ml Wasser
1 TL Agar Agar

Für die Creme zunächst die Mango schälen, den Kern entfernen und das Fruchtfleisch in Stückchen in den Mixer geben. Mit Banane, Spinat, Matchapulver, Ingwer, Agavendicksaft, Zitronensaft und Vanille pürieren. Die Cashewnüsse abschütten, zugeben und abermals mixen.

Das Agar Agar in 3 EL Wasser anrühren, das restliche Wasser zum Köcheln bringen. Die Agar Agar-Mischung zugeben und unter Rühren eindicken lassen.

Die Mischung leicht abkühlen lassen, dann zu der Obstcreme geben und mixen. Die Creme auf dem Mandelboden verteilen. Die Springform ein paar Mal auf die Arbeitsfläche klopfen, sodass Luftblasen entweichen und die Tortenoberfläche glatt wird. Die Torte mindestens 3 Stunden kalt stellen.

Für das Dekor

½ Zitrone

Ein paar Blätter Melisse oder Minze

Die Torte vorsichtig aus der Form lösen und mit Zitronenscheiben und Melisse servieren.

Tipp

Verwende reife Früchte. So wird das Aroma richtig fruchtig und du brauchst noch weniger Süße.

Z G S V

Miamor-Schnittchen

Italienischer Hochgenuss trifft auf gesund ohne backen. Lecker, schmacht!

Ergibt eine 15 x 15 cm-Form oder 8 Schnittchen.

Für die Kaffee-Nuss-Schicht

75 g Pecanüsse
75 g Haselnüsse
75 g Mandeln
50 g Kokosöl
100 g Datteln, getrocknet und entsteint
1 TL Espressopulver
50 ml Wasser, gekocht
1 EL (20 g) Kokosmehl

Die Nüsse gemeinsam in den Mixer geben und mahlen, dann in eine Rührschüssel füllen. Kokosöl, Datteln, Espressopulver und das kochende Wasser gemeinsam in den Mixer geben und pürieren. Mit den Nüssen mischen und das Kokosmehl unterheben. Eine eckige 15 x 15 cm-Springform mit Backpapier auslegen und die Hälfte der Nuss-Masse hineingeben. Mit angefeuchteten Fingern glatt drücken, mit dem Backpapier herausnehmen und beiseite legen. Aus dem verbleibenden Teig einen zweiten Boden in die mit Backpapier ausgelegte Form drücken.

Für die Amaretto-Creme

100 g Cashewnüsse
80 ml Reisdrink
100 g Kokosmus
70 g Kokosöl
80 g Agavendicksaft
1 Prise Salz
1 Msp. Vanille, gemahlen
4 EL Amaretto
50 g Kakaobutter

Die Cashewnüsse über Nacht (oder mindestens 4 Stunden) in Wasser einweichen. Am Tag darauf abschütten und mit dem Reisdrink pürieren, bis eine weiche Creme entsteht. Kokosmus und Kokosöl zerlassen und zugeben. Agavendicksaft, Salz, Vanille und Amaretto zugeben und abermals pürieren. Die Kakaobutter im Wasserbad schmelzen und unter die Creme ziehen.

Die Hälfte der Amaretto-Creme auf den Nussboden geben und 2 Stunden kalt stellen. Dann den zweiten Nussboden darauflegen und die restliche Creme darauf verteilen. Nochmal 4 Stunden oder über Nacht kalt stellen.

Für das Dekor:

1 EL Kakao

1 TL Reissüße

Den Kuchen aus der Form lösen und in 8 Stücke schneiden. Kakao und Reissüße mischen und über die Schnittchen sieben.

Tipp

Die Schnittchen schmecken am besten, wenn sie 1–2 Tage durchziehen dürfen.

HAPPY
HAPPY
HAPPY

Aronia-Energiekugeln

„Ein gesunder Leckerbissen in mundgerechter Portionsgröße. Schnell und einfach gemacht.“

Ergibt ca. 30 Energiekugeln.

Für die Kugeln

100 g Mandeln
100 g Cashewnüsse
180 g Datteln, getrocknet und entsteint
70 g Kokosmehl
120 g Kokosmus
70 g Aroniabeeren, getrocknet

Die Mandeln mit den Cashewnüssen im Mixer zu Mehl verarbeiten. Herausnehmen und in eine kleine Schüssel schütten. Datteln, Kokosmehl, Kokosmus und Beeren in den Mixer geben und kurz zerkleinern, dann zum Nussmehl geben und gleichmäßig mischen.

Die Masse zu etwa 30 Kugeln drücken. Die Energiekugeln halten sich im Kühlschrank, luftdicht verschlossen, 1–2 Wochen.

Tipp

Anstelle der Aroniabeeren kannst du auch getrocknete Cranberries verwenden. Sie sind etwas günstiger und leichter erhältlich.

KLEINE
Beeren-Mandel-Tartelettes

Süß und fruchtig. Kleine Kunstwerke für deinen Kaffeetisch.

Ergibt 12 Mini-Tartelettes.

Für den Mandelboden

80 g Datteln, getrocknet und entsteint
50 g Mandeln
50 g Cashewnüsse
1 Prise Salz
1 EL Wasser

Datteln, Mandeln, Cashewnüsse und Salz in den Mixer geben und zu einer Paste mischen. Wenn die Datteln zu trocken sind, in geringen Mengen bis 1 EL Wasser zugeben. 12 Mini-Muffinförmchen mit Klarsichtfolie auslegen und den Nussteig darin zu einer kleinen Schale drücken. Kalt stellen.

Für die Beeren-Creme

50 g Mandeln, blanchiert
30 g Agavendicksaft
1 Msp. Vanille, gemahlen
50 g rote Beeren, gemischt
¼ TL Agar Agar
50 ml Hafercuisine oder andere Pflanzensahne
1 EL Zitronensaft
10 g Kakaobutter

Die Mandeln über Nacht (oder mindestens 4 Stunden) in Wasser einweichen. Am Tag darauf die Mandeln abschütten und mit Agavendicksaft und Vanille in den Mixer geben.

Die Beeren in einem Topf erhitzen. Das Agar Agar in 1–2 EL Pflanzensahne anrühren, dann mit der restlichen Sahne und dem Zitronensaft zu den Beeren geben. Unter Rühren 1–2 Minuten köcheln lassen, dann vom Herd nehmen.

Die Kakaobutter vorsichtig schmelzen. Beeren und Kakaobutter zu den Nüssen geben und alle Zutaten im Mixer zu einer glatten Masse pürieren.
Die Beeren-Creme In die Mandelschalen füllen und 2–3 Stunden kalt stellen. Mit Minze und frischen Beeren servieren.

Tipp

Wer mag kann der Creme für eine tiefere Farbe noch etwas Rote Bete Pulver zufügen.

Red Berry Cake Pops

Bite it Baby! So zart, so rot, so lecker!

Ergibt ca. 30 Stück.

Für den Cake Pop Teig

100 g Cashewbruch
120 g Kokosflocken
2 EL Beeren (Aronia, Açai, Goji), getrocknet
80 g Agavendicksaft
½ TL Vanille, gemahlen
Abrieb einer halben unbehandelten Zitrone

Cashews und Kokosflocken im Mixer mahlen, dann in eine Rührschüssel geben. Die Beeren im Mixer pulverisieren und mit Agavendicksaft, Vanille und Zitronenschalen zu den Nüssen geben. Die Mischung mit einem Löffel rühren, bis sie gleichmäßig ist. Anschließend 30 Minuten kalt stellen.
Ein Backblech oder einen großen Teller mit Alufolie auslegen. Den Teig zu 30 Kugeln formen und auf das Blech legen. Abermals 30 Minuten kühlen.

Für die Glasur

100 g Kakaobutter
2 EL Ahornsirup
60 g Kakao
½ TL Vanille, gemahlen
30 Lollistiele

Die Kakaobutter im Wasserbad schmelzen. Wenn sie vollständig geschmolzen ist, den Ahornsirup zugeben und den Kakao, sowie die Vanille hineinsieben. Die Glasur ca. 10 Minuten unter ständigem Rühren abkühlen lassen, damit sie nicht mehr ganz dünnflüssig ist.
Dann die Stiele zunächst ca. 1 cm tief in die Schokolade tunken und dann in die Kugeln stecken. Die Cake Pops für 10 Minuten kalt stellen. Anschließend die Kugeln in die Glasur tunken und trocknen lassen.

Für das Dekor:

1 EL Rohrohrzucker, grob
½ TL Rote Bete Pulver
1 EL getrocknete, essbare Blüten

Zucker und Rote Bete Pulver in einer kleinen Schale mischen, bis der Zucker rot wird. Die noch nicht ganz ausgehärteten, schokoladeüberzogenen Cake Pops mit dem bunten Zucker und den getrockneten Blüten verzieren.

Tipp

Für eine günstige Variante kannst du anstelle der exotischen Beeren auch Cranberries oder getrocknete Kirschen verwenden. Dann etwa 10–20 g weniger Agavendicksaft verwenden.

Rote Minzetörtchen

Erfrischend, bunt und soooo gut!

Ergibt 4 Dessertringe à 7 cm Durchmesser.

Für den Orangen-Nussboden

80 g Datteln, getrocknet und entsteint
40 g Mandeln
40 g Amarantmehl, Vollkorn
½ TL Vanille, gemahlen
1 Prise Salz
Abrieb einer halben unbehandelten Orange
2 TL (20 g) Kokosöl

Datteln und Mandeln gemeinsam im Mixer zerkleinern. In einer Rührschüssel mit Amarantmehl, Vanille, Salz und Orangenschalen mischen. Das Kokosöl zerlassen und zugeben.
4 Dessertringe auf einen mit Klarsichtfolie bezogenen Teller stellen. So lassen sich die Törtchen nachher leichter lösen. Den Teig auf die Dessertringe aufteilen und darin festdrücken.

Für die Erdbeer-Creme

50 g Cashewnüsse
40 g Agavendicksaft
2 EL (60 g) Sojajoghurt
½ TL Vanille, gemahlen
100 g Erdbeeren oder andere rote Beeren
½ (50 g) kleine Rote Bete, roh
20 g Kakaobutter

Die Cashewnüsse über Nacht oder mindestens 4 Stunden in Wasser einweichen. Dann abschütten und mit Agavendicksaft, Joghurt und Vanille pürieren. Die Beeren und die in Stücke geschnittene Rote Bete zugeben und abermals mixen. Die Kakaobutter im Wasserbad schmelzen und zugeben. Pürieren, bis eine weiche und gleichmäßige Creme entsteht.
Die Beerencreme in die Dessertringe auf den Nussboden geben und glattstreichen.

Den Teller mit den Törtchen ein paar Mal auf die Arbeitsfläche klopfen, sodass Luftbläschen entweichen können. Die Törtchen für mindestens 4 Stunden kalt stellen, damit sie schnittfest werden. Wer nicht so lange warten möchte, kann sie auch einfrieren.

Für die Schoko-Minz-Ganache

30 g Datteln, getrocknet und entsteint
15 g Kakao
30 g Kokosöl
50 ml Pflanzendrink
2 EL (20 g) Agavendicksaft
1 Tropfen Minzöl

Datteln, Kakao und Kokosöl mit dem Pflanzendrink und Agavendicksaft im Mixer zu einer Creme verarbeiten. Nach Geschmack das Minzöl zugeben und gleichmäßig einrühren. Die Creme in einen Spritzbeutel mit Lochtülle füllen.
Die Törtchen nach ausreichender Kühldauer vorsichtig aus den Dessertringen lösen. Das funktioniert am leichtesten, wenn diese leicht angewärmt werden. Die Schoko-Minz-Ganache kurz vor dem Servieren auf die Törtchen spritzen.

Tipp

Das Minzöl bekommst du in der Apotheke.

Kokos-Zitronenecken

„Sommerlich frisch und super zitronig!"

Ergibt 8 Ecken.

Für den Boden:

50 g Haferflocken (glutenfrei)
120 g Datteln, getrocknet und entsteint
30 g Cranberries, getrocknet
100 g Mandeln, gemahlen
2 EL (40 g) Kokosmehl
1 TL (10 g) Kokosmus
30 g Ahornsirup
½ TL Vanille
1 Prise Salz
Abrieb einer unbehandelten Zitrone

Haferflocken, Datteln und Cranberries im Mixer zerkleinern. Dann in eine Rührschüssel geben und mit Mandeln, Kokosmehl, Kokosmus, Ahornsirup, Vanille, Salz und Zitronenschalen mischen. Eine 15 x 15 cm große Form mit Backpapier auslegen und den Teig darin flach drücken.

Für die Zitronencreme:

50 g Cashewbruch
30 g Kokosmus
20 g Kakaobutter
2 EL (20 g) Agavendicksaft
Saft einer halben Zitrone (25 ml)

Die Cashewnüsse über Nacht (oder mindestens 4 Stunden) in Wasser einweichen. Anschließend abschütten und mit Kokosmus, der geschmolzenen Kakaobutter, Agavendicksaft und Zitronensaft im Mixer fein pürieren. Die Zitronencreme auf dem Mandelboden glatt streichen und über Nacht kalt stellen.

Für das Dekor:

2 EL Kokoschips
Zesten einer halben unbehandelten Zitrone

Den Kuchen in 8 gleich große Ecken schneiden und mit Kokoschips und Zitronenzesten servieren.

LOVE

Schoko-Erdnussbutter-Cupcakes

a Z G F S V

„Sind die nicht goldig?!"

Ergibt 10 Mini-Cupcakes.

Für den Schoko-Boden

90 g Datteln, getrocknet und entsteint
40 g Cashewnüsse
40 g Buchweizenmehl, Vollkorn
1 EL Kakao
½ TL Vanille
2 TL (20 g) Kokosöl, geschmolzen

Datteln und Cashewnüsse gemeinsam im Mixer mahlen. In einer Rührschüssel die Nussmischung mit Buchweizenmehl, Kakao, Vanille und Kokosöl verrühren.
10 Mini-Muffinförmchen mit 3 cm großen Backpapierkreisen auslegen. So bleibt später kein Cupcake in der Form kleben. Den Schokoladenteig auf die 10 Förmchen aufteilen und darin flach drücken. Über Nacht oder mindestens 3 Stunden kalt stellen.

Für die Erdnussbutter-Creme

40 g Cashewnüsse
2 EL Ahornsirup
60 g Erdnussbutter
1 Banane, reif
¼ TL Vanille, gemahlen
40 ml Mandelmilch
1 EL Zitronensaft
40 g Kakaobutter
1 EL Kakaobohnensplitter oder gehackte Erdnüsse

Die Cashewnüsse über Nacht (oder mindestens 4 Stunden) in Wasser einweichen. Tags darauf die Nüsse abschütten und mit Ahornsirup, Erdnussbutter, der in Stücke geschnittenen Banane, Vanille, Mandelmilch und Zitronensaft 1–2 Minuten im Mixer pürieren. Die Kakaobutter bei mittlerer Hitze im Wasserbad schmelzen, dann zugeben und abermals mixen. Die Creme 2–3 Stunden kalt stellen, bis sie eine spritzfeste Konsistenz annimmt.

Die Mini-Muffins vorsichtig aus den Förmchen lösen und auf einem Teller platzieren. Die Erdnussbutter-Creme in einen Spritzbeutel mit Sterntülle füllen und die Muffins damit verzieren. Zuletzt mit Kakaobohnensplittern bestreuen.

LOVE

Energieriegel Beere-Ingwer

MIT GEPUFFTEM AMARANT

„Viel besser als gekaufte Riegel und soooo schnell selbstgemacht."

Ergibt 10 Riegel oder eine 15 x 15 cm-Form.

Für die Energieriegel

60 g Cranberries, getrocknet
60 g Kirschen, getrocknet
120 g Datteln, getrocknet und entsteint
90 g Cashewnüsse
1 EL Leinsamen
½ TL Ingwer, gemahlen
Abrieb einer halben unbehandelten Zitrone
¼ TL Vanille, gemahlen
2 EL Reissirup
10 g Amarant, gepufft

Cranberries, Kirschen, Datteln, Cashewnüsse und Leinsamen mischen. Die eine Hälfte im Mixer fein mahlen, die andere hacken. In einer Rührschüssel mit Ingwer, Zitronenabrieb, Vanille, Reissirup und Amarant mischen.

Eine 15 x 15 cm-Form mit Backpapier auslegen und die Mischung darin festdrücken. 3–4 Stunden ruhen lassen, dann vorsichtig aus der Form nehmen und in 10 gleiche Energieriegel schneiden. Die Riegel halten sich, luftdicht verschlossen und kühl aufbewahrt, bis zu 7 Tage frisch.

Herzhaftes

Z
F
V

Süßkartoffeltarte

MIT MINZPESTO

„Samtige Süßkartoffel und aromatische Minze treffen aufeinander. Tarte orientalisch genießen."

Ergibt eine Tarte à 24 cm Durchmesser oder 4 kleine Tartelettes.

Für den Mürbeteig:

150 g Dinkelmehl Type 1050
1 EL Sojamehl oder Lupinenmehl
¼ TL Salz
80 g vegane Butter, kalt
30 ml Pflanzendrink

Mehl und Salz in einer Rührschüssel mischen. Die Butter in Flöckchen, dann den Pflanzendrink zugeben und mit der Gabel zu einem homogenen Teig verarbeiten. Zuletzt kurz mit den Händen kneten. Eine Tarteform oder 4 kleine Tartelettes-Förmchen mit etwas veganer Butter einreiben. Den Mürbeteig auf einer bemehlten Arbeitsfläche ausrollen und für die Formen zurechtschneiden. Den Teig vorsichtig in die Formen drücken. Mehrmals den Boden mit einer Gabel einstechen, dann bis zur weiteren Verwendung kalt stellen.

Für die Süßkartoffelcreme:

½ Süßkartoffel
1 TL Zitronensaft
30 ml Wasser
150 g Sojajoghurt, Natur
1 EL Speisestärke
Salz, Pfeffer
Je 1 Msp. Paprikagewürz, Muskat, Senfsamen, gemahlen
1 Ast Thymian
1 TL Ahornsirup
30 g vegane Butter, zimmerwarm

Die Süßkartoffel schälen und in Würfel schneiden. In Zitronensaft und Wasser mit einer Prise Salz 10–15 Minuten garen. Dabei den Deckel geschlossen halten und die Hitze auf halbe Stufe einstellen. Sobald die Kartoffel weich genug ist, mit einer Gabel zu einer Mousse verarbeiten. Stärke, Butter und Gewürze zugeben, dann pürieren. Sojajoghurt und Ahornsirup zugeben und gleichmäßig verrühren.

Die Creme auf den Mürbeboden geben und bei 200 °C Ober-/Unterhitze 50 Minuten, die Tartelettes 25 Minuten backen. In der Zwischenzeit Möhren und Pesto vorbereiten.

Für die glasierten Möhren

3–4 Möhren
1 EL vegane Butter
1 TL Ahornsirup
Salz

Die Möhren in Streifen schneiden. Den Boden eines Topfs gerade mit Wasser bedecken und die Möhren darin mit etwas Salz vorgaren. Wenn das Wasser nach 5 Minuten verdampft ist, die Möhren in einer Pfanne in Butter und Ahornsirup schwenken.

Für das Walnuss-Minz-Pesto

1 Bund Petersilie
Ein paar Stiele Minze
Ein paar Stiele Melisse
40 g Walnusskerne
1 Knoblauchzehe, klein
1 EL Hefeflocken
Salz, Pfeffer
Abrieb einer halben unbehandelten Zitrone
2 EL Walnussöl
80 ml Olivenöl

Kräuter, Nüsse, Knoblauch, Hefeflocken, Gewürze, Zitronenschale und Öle gemeinsam in den Mixer geben, oder in einem hohen Gefäß mit dem Mixstab pürieren.
Die gebackene Süßkartoffel-Tarte mit den glasierten Möhren belegen und das Minz-Pesto darüber träufeln.

Tipp

Das Pesto lässt sich mehrere Tage im Kühlschrank aufbewahren und schmeckt ganz wunderbar zu frisch gebackenen Brezeln oder Gemüse-Linguini.

Ratatouille

IM QUARKTEIGMANTEL

„Für das Picknick am See, das Büro oder die Schule. Lecker, ob warm oder kalt."

Ergibt 8 Taschen.

Für das Ratatouille

150 g Naturtofu
4 EL Olivenöl
1 Schalotte
Je ½ TL Oregano, Thymian, Paprika
½ TL Gemüsebrühe, Pulver
1 EL Tomatenmark
1 Karotte, klein
½ Paprika, rot
2 EL Olivenöl
1 TL Ahornsirup
1 TL Speisestärke
1 EL Hefeflocken
200 g passierte Tomaten

Den Tofu mit den Händen in die heiße Pfanne krümeln. In Olivenöl bei mittlerer Hitze anbraten. Immer wieder rühren, bis der Tofu goldgelb glänzt. Die Schalotte hacken und mit den Gewürzen zugeben. Das Tomatenmark einrühren und braten. Karotte und Paprika fein würfeln und mit dem Ahornsirup zum Tofu geben. Braten, bis das Gemüse glasig wird, dann Stärke und Hefeflocken einrühren. Nach Bedarf nochmals abschmecken. Zuletzt die Tomaten zugeben und köcheln lassen, bis das Ratatouille pastös wird. Beiseite stellen und abkühlen lassen.
In der Zwischenzeit den Teig zubereiten.

Für den Quarkteig

400 g Dinkelmehl Type 630
2 TL Backpulver
½ TL Meersalz
1 gute Prise Zucker
200 g Sojajoghurt
120 ml Pflanzenöl

In einer Rührschüssel Mehl, Backpulver, Salz und Zucker mischen. Joghurt und Öl zugeben und mit dem Kochlöffel zu einem gleichmäßigen Teig rühren. Den Teig auf einer mit Mehl bestäubten Arbeitsfläche ausrollen. 8 gleich große Rechtecke ausschneiden und auf ein mit Backpapier ausgelegtes Backblech legen.

Jeweils 2 TL Füllung auf die eine Seite des Teiges legen und die andere darüber klappen. Den Rand mit den Zinken der Gabel festdrücken. Bei 200 °C Ober-/Unterhitze ca. 15 Minuten backen.

Für die Kräuterbutter:

50 g vegane Butter, zimmerwarm
Salz, Pfeffer
½ Bund gemischte Kräuter

Die Kräuter fein hacken und mit Butter, Salz und Pfeffer verrühren. Die Taschen noch warm mit Kräuterbutter bestreichen.

Tipp

Die Füllung lässt sich gut vorbereiten und einfrieren. Der Teigmantel ist schnell gemacht und so zauberst du in Windeseile ein leckeres Essen.

Z F S

Tahin-Spinat-Brezeln

Diese Brezeln sind nebenher leicht gemacht und ein Hingucker beim Sommerfest!

Ergibt 12 Brezeln.

Für den Brezelteig

½ Würfel frische Hefe oder 1 Tütchen Trockenbackhefe
1 TL Agavendicksaft
280 ml Wasser
420 g Weizenmehl Type 550
1 EL Pfeilwurzmehl
2 TL Salz
3 Handvoll Spinat
30 ml Pflanzenöl
1 EL Tahin (Sesammus)

Zum Bestreichen

1 EL Hafercuisine oder andere Pflanzensahne
1 TL vegane Butter, zerlassen
1 EL Sesam, hell und schwarz
1 TL Fleur de Sel oder grobes Meersalz

In einer kleinen Schüssel Hefe, Agavendicksaft und 50 ml lauwarmes Wasser verrühren. Ca. 30 Minuten gären lassen, bis sich große Blasen bilden.

In einer Rührschüssel Mehl, Pfeilwurzmehl und Salz mischen. Spinat und die verbleibenden 230 ml Wasser pürieren. Mit Öl und Tahin zur Mehlmischung geben. Dann die Hefe hinzugeben und mit dem Rührgerät 5 Minuten kneten. Den Teig auf eine mit Mehl bestäubte Arbeitsfläche geben und gut durchkneten, bis er elastisch wird. In einer bedeckten Rührschüssel an einem warmen Ort 60 Minuten gehen lassen, bis sich das Volumen verdoppelt hat.

Den Teig in 12 gleich große Stücke schneiden und daraus Brezeln formen. Die Teiglinge auf ein mit Backpapier ausgelegtes Backblech legen und ca. 30 Minuten gehen lassen. Hafercuisine und Butter verrühren und die Brezeln damit bestreichen. Sesam und Fleur de Sel darüberstreuen.

Bei 200 °C Ober-/Unterhitze 15–20 Minuten backen. Die Brezeln sollten noch weich sein, wenn sie aus dem Ofen kommen. Warm oder kalt genießen.

Saftiges Zucchinibrot

„Das Multitalent für die Sommerküche. Ein leichtes und saftiges Brot mit Pfiff."

Ergibt eine 18 cm-Kastenform.

Für die Gemüsemischung

1 Schalotte oder eine kleine, rote Zwiebel
¼ Stange Lauch
2 EL Olivenöl
½ TL Gemüsebrühe, Pulver
½ Bund Petersilie
½ Zucchini
1 EL Zitronensaft
½ TL Agavendicksaft
Salz, Pfeffer, Muskatnuss

Die Schalotte würfeln, den Lauch in feine, halbe Ringe schneiden und gemeinsam in Olivenöl dünsten, bis alles glasig wird. Mit Salz und Gemüsebrühe würzen und etwas abkühlen lassen, dann die gehackte Petersilie untermischen.
Die Zucchini grob reiben, dann mit Zitronensaft und Agavendicksaft mischen und würzen.

Für den Kuchenteig

250 g Dinkelmehl Type 630
½ TL Salz
1 Prise Rohrohrzucker
½ Pck. Backpulver
1 EL Hefeflocken
1 EL Speisestärke
150 g Sojajoghurt
50 ml Pflanzenöl
150 ml Wasser

In einer Rührschüssel Mehl, Salz, Zucker, Backpulver, Hefeflocken und Stärke mischen. Joghurt, Öl und Wasser zugeben und mit dem Kochlöffel zu einem Teig rühren. Dann die Gemüsemischung unterheben, bis die Masse homogen ist.
Eine 18 cm-Kastenform fetten und den Teig mit einem befeuchteten Löffel darin glatt streichen. Bei 170 °C Ober-/Unterhitze ca. 45 Minuten backen. Stäbchenprobe machen. Das Brot etwa 15 Minuten in der Form abkühlen lassen, dann vorsichtig stürzen und auf einem Kuchenrost auskühlen lassen.
Das Brot schmeckt prima zu allen Salaten und Suppen und kann zur Grillsaison auch zu veganen Bratstücken gereicht werden.

Lecker!

Detox Pizza

„Pizza in gesunder Variante mit Slowfood-Charakter."

Ergibt 12 Mini-Pizzen für 4 Personen.

Für den Teig:

2 EL (20 g) Leinsamenmehl
100 ml Wasser
1 Kopf (ca. 800 g) Blumenkohl
80 g Kichererbsenmehl
1 Knoblauchzehe
1 TL Salz
2 EL Hefeflocken

Leinsamenmehl und Wasser in einer kleinen Schüssel verrühren und 10 Minuten quellen lassen. Den Blumenkohl im Mixer zerkleinern. In einer großen Rührschüssel die Leinsamenmischung, Blumenkohl, Kichererebsenmehl, Knoblauch, Salz und Hefeflocken mischen. Unter Umständen noch etwas nachwürzen. Aus dem Teig 12 kleine Fladen formen und diese auf mit Backpapier ausgelegten Backblechen verteilen. Bei 160 °C Ober-/Unterhitze 45–60 Minuten backen, bis die Fladen knusprig aber nicht zu dunkel sind.

Für den Belag:

300 g passierte Tomaten
Salz, Pfeffer, Chili
½ Bund italienische Kräuter (Basilikum, Oregano, Thymian, Petersilie)
2 Zucchini
1 rote Zwiebel
6 Shitake Pilze
80 g Kalamata-Oliven, entsteint

Die Passata würzen und die gehackten Kräuter einrühren. Die Tomatensoße auf den Pizzaböden verteilen. Das Gemüse in Streifen schneiden und auf die Pizzen legen. Mit Salz, Pfeffer und Pesto (siehe Rezept für Minzpesto Seite 165) würzen. Bei 200 °C Ober-/Unterhitze ca. 15 Minuten ausbacken.

Tipp

Rohkost-Liebhaber können den Boden auch im Dörrautomaten zubereiten und das Gemüse roh auf der Pizza genießen.

Gemüsetarte tricolore

„Eine farbenfrohe Tarte für liebe Gäste, oder zum selbst Genießen."

Ergibt eine Tarte von 18 cm Durchmesser für 4 Stücke.

Für den Boden:

320 g Blätterteig

Den Blätterteig auf ein Quadrat von 24 x 24 cm zurechtschneiden und mit Backpapier in eine Springform legen. Den Rand leicht andrücken und überstehenden Teig abschneiden.

Für die Gewürz-Creme:

150 g Sojajoghurt
60 g (2 EL) Cashewmus
¼ TL Senfkörner
2 Wacholderbeeren
1 EL Hefeflocken
1 geh. TL Speisestärke
Je 1 Msp. Muskatnuss, Paprika
Salz, Pfeffer

In einer Schüssel Joghurt und Cashewmus verrühren. Senfkörner und Wacholderbeeren im Mörser zermahlen, dann mit den Hefeflocken, der Stärke und den weiteren Gewürzen zur Joghurtmischung geben und glatt rühren. Die Creme auf dem Blätterteigboden glatt streichen.

Für die Gemüsefüllung:

1 Zucchini, klein
1 Karotte
Etwas Wasser
1 TL Zitronensaft
1 Rote Bete, roh
Salz, Pfeffer
1 rote Zwiebel
100 g Räuchertofu

Zucchini und Karotte in Streifen hobeln und in etwas Zitronenwasser legen. Die Rote Bete auch in Streifen hobeln und in Salzwasser leicht vorgaren, dann abkühlen und abtropfen lassen. Zwiebeln und Räuchertofu in feine Scheiben schneiden. Nun die Gemüsestreifen mit leichter Überlappung auf die Arbeitsfläche legen, sodass sie sich einrollen lassen. Mit Salz und Pfeffer bestreuen. Hin und wieder mit Zwiebeln und Räuchertofu spicken. Dann das Gemüse zu einer Spirale einrollen und in den vorbereiteten Blätterteigboden, auf die Creme legen.

Cashew-Spinatquiche

„Die herrlich saftige Quiche mit nussiger Note passt prima zu Salaten und begeistert Freunde und Familie am Büffet!"

Ergibt 4 kleine Tartelettes oder 1 Quiche mit 24 cm Durchmesser.

Für den Mürbeteig

180 g Dinkelmehl Type 1050
½ TL Johannisbrotkernmehl
1 /2 TL Meersalz
1 Prise Rohrohrzucker
2 EL Pflanzendrink
120 g vegane Butter, kalt

In einer Rührschüssel Mehl, Johannisbrotkernmehl, Salz und Zucker mischen. Den Pflanzendrink und die Butter in Flöckchen dazugeben und zu einem festen Teig kneten. 4 Tartelettes-Förmchen fetten und mit etwas Mehl bestäuben. Jeweils ein Viertel des Teiges hineindrücken und einen Rand formen. Mehrmals mit der Gabel einstechen und kalt stellen. In der Zwischenzeit die Füllung zubereiten.

Wer mag kann die Mürbeteigböden bei 180 °C Ober-/Unterhitze für 10–12 Minuten blindbacken. So werden sie noch knuspriger.

Für die Cashew-Spinat-Füllung:

250 g Blattspinat
2 Schalotten
½ Stange Lauch
200 g Naturtofu
100 g Räuchertofu
Salz
Pfeffer, Muskat, Rosmarin
1 TL Gemüsebrühe, Pulver
2 EL Hefeflocken
50 g Cashewnüsse
70 g Cashewmus
1 EL Zitronensaft
40 g Sojajoghurt
1 (30 g) trockenes Weißbrötchen
½ Bund Petersilie

Den Spinat mit einer gehackten Schalotte in etwas Olivenöl anbraten. Sobald der Spinat zusammenfällt und die Zwiebeln glasig werden, vom Herd nehmen. Mit ½ TL Gemüsebrühe und etwas Pfeffer abschmecken und beiseite stellen. In einer zweiten Pfanne 100 g Naturtofu mit einer gehackten Schalotte und dem in Ringe geschnittenen Lauch in Öl anbraten, bis der Tofu kross wird. Dann mit Salz, Pfeffer, Muskat, Rosmarin, ½ TL Gemüsebrühe und den Hefeflocken würzen.

Den übrigen Naturtofu, sowie den Räuchertofu grob würfeln und mit Nüssen, Nussmus, Zitronensaft, Sojajoghurt und dem Brötchen mixen. Mit Salz und Pfeffer abschmecken. Anschließend die Nussmischung mit dem gebratenen Tofu und dem Spinat mischen. Die Kräuter fein hacken und vorsichtig unterheben.
Die Füllung auf die Mürbeteigböden geben und glatt streichen. Bei 190° Ober-/Unterhitze die Tartelettes ca. 35 Minuten, die Quiche ca. 60 Minuten backen.

Tipp

Wenn es einmal besonders schnell gehen muss, eignet sich fertiger Filoteig hervorragend als Boden.

Ciabatta Rustica

Z F S

Selbst gemachtes Brot ist einfach das Beste! Mit einem schönen Olivenöl genießen.

Ergibt 2 Brotlaibe.

Für den Vorteig

1/8 TL Trockenbackhefe
120 ml Wasser, lauwarm
130 g Weizenmehl Type 550
1 Prise Vollrohrzucker

30 ml Wasser mit der Hefe glatt rühren und 30 Minuten gehen lassen. Die weiteren Zutaten zugeben und mit einem Holzlöffel zu einem Teig verarbeiten, bis sich alle Zutaten gut verbunden haben. Den Teig in eine Schüssel legen und luftdicht verschließen (mit Klarsichtfolie oder einem Deckel). Bei Raumtemperatur 12–24 Stunden gehen lassen. Der Teig wird kleine Bläschen schlagen.

Für den Hauptteig

250 g Weizenmehl Type 550
1 ½ TL Salz
½ TL Trockenbackhefe
150 ml Wasser, lauwarm
40 ml Pflanzendrink

Die Hefe in 30 ml Wasser anrühren und 30 Minuten gehen lassen. Alle weiteren Zutaten, dann den Vorteig zugeben. Mit dem Flachrührer des Rührgerätes bei geringer Geschwindigkeit 2 Minuten alle Zutaten mischen. Dann bei mittlerer Leistung 5 Minuten kneten, bis der Teig am Flachrührer klebt und sich vom Schüsselrand löst. Den Flachrührer gegen einen Knethaken austauschen und weitere 10 Minuten kneten, bis der Teig glänzt.

Den Teig in eine große Schüssel geben, luftdicht verschließen und bei Raumtemperatur 1 Stunde gehen lassen.

Einen Teigschaber mit Öl bestreichen und den Teig damit zur Mitte hin falten. Dabei die Schüssel immer wieder drehen. Abermals luftdicht verschlossen 30 Minuten bei Raumtemperatur gehen lassen. Diesen Prozess anschließend noch einmal wiederholen.

Einen Pizzastein bei 230 °C Ober-/Unterhitze mindestens 15 Minuten im Backofen aufwärmen.
Großzügig Mehl auf zwei 20 x 30 cm große Stücke Backpapier verteilen. Mit gut bemehlten Händen aus dem Teig 2 Rechtecke formen. Darauf achten die schönen Bläschen im Teig nicht zu zerdrücken. Die Rechtecke von beiden kurzen Seiten übereinander schlagen und so 2 Brote formen. Großzügig mit Mehl bestäuben. Bei Raumtemperatur 30 Minuten gehen lassen.

Beide Brote mit Wasser besprenkeln und mitsamt Backpapier auf den Pizzastein legen. 20 Minuten bei 230 °C Ober-/Unterhitze backen. Dabei in den ersten 5 Minuten 2 weitere Male mit Wasser besprenkeln. Die Brote vom Stein nehmen und auf einem Rost abkühlen lassen. Vor dem Anschneiden mindestens 1 Stunde abkühlen lassen.

Tipp

Mit einem Pizzastein wird Brot außen knusprig und innen saftig. Wer gerne Brot backt, hat daran mit Sicherheit viel Freude. Wer keinen solchen Stein besitzt, kann das Brot auch auf dem Backblech backen.

Dotted Tomato Cheesecake

„Herzhafter Käsekuchen mit Italien-Feeling."

Ergibt einen Kuchen von 18 cm Durchmesser für 4 Stücke.

Für den Mürbeteig

80 g Dinkelmehl Type 630
¼ TL Salz
1 Prise Rohrohrzucker
30 g vegane Butter, zimmerwarm
1 EL Pflanzendrink

In einer kleinen Rührschüssel Mehl, Salz und Zucker mischen. Butter und Pflanzendrink zugeben und mit der Gabel zu einem glatten Teig kneten.
Die Springform mit Butter bestreichen und den Mürbeteig auf dem Boden glatt drücken.

Für die Füllung

500 g Sojajoghurt
40 g Speisetärke
1 EL (30 g) Cashewmus
50 g vegane Butter, zimmerwarm
1 TL Zitronensaft
½ TL Thymian, getrocknet
Salz, Pfeffer, Muskatnuss
1 EL Hefeflocken
½ TL Backpulver
2 EL Tomatenmark
1 EL getrocknete Tomaten, gehackt

Den Sojajoghurt über Nacht in einem Kaffeefilter abtropfen lassen, bis er eine quarkähnliche Konsistenz hat.
4 EL Sojaquark mit Stärke, Nussmus, Butter, Zitronensaft und Thymian glatt rühren. Gewürze, Hefeflocken und Thymian zugeben und gut mischen. Dann mit dem restlichen Sojaquark anrühren.

¾ der Masse auf dem Mürbeboden verteilen. Die verbleibende Käsecreme mit Tomatenmark und den getrockneten Tomaten mischen. Die rote Füllung in einen Spritzbeutel mit großer Lochtülle geben und Punkte auf den Käsekuchen spritzen.

Den Kuchen bei 190 °C Ober-/Unterhitze ca. 40 Minuten backen. Vor dem Servieren mindestens 30 Minuten abkühlen lassen.

Kräuter-Cake Pops

Auf geht's zum Sommer-Picknick!

Ergibt 15–20 Cake Pops.

Für den Kräuterteig

1 Schalotte
1 EL Olivenöl
120 g Weizenmehl Type 550 oder
Dinkelmehl Type 630
¼ TL Meersalz
1 gestr. TL Backpulver
1 Msp. Kurkuma
Pfeffer, Muskatnuss
1 TL Hefeflocken
1 Spritzer Agavendicksaft
25 ml Olivenöl
30 g Sojajoghurt
90 ml Wasser
½ Bund gemischte Kräuter
20 Lollistiele

Für das Paprika-Topping

100 g vegane Butter, zimmerwarm
20 g Sojajoghurt
Salz, Pfeffer
Je ¼ TL Paprikapulver süß und scharf
¼ TL Senfkörner

Die Schalotte fein würfeln und in einem Esslöffel Olivenöl dünsten, bis sie glasig wird. Beiseite stellen und abkühlen lassen. In einer Rührschüssel Mehl, Salz, Backpulver, Kurkuma, Pfeffer, Muskat und Hefeflocken mischen. Mit Agavendicksaft, Öl, Joghurt und Wasser zu einem glatten Teig rühren. Die Kräuter fein hacken und mit der Schalotte unter den Teig heben.

Den Teig auf 15–20 Cake Pop-Formen aufteilen und einen backfesten Lollistiel hineindrücken. Wer weder Formen noch Stiele zuhause hat, kann teelöffelweise Kleckse auf Backpapier setzen und einen Holzstiel verwenden. Bei 170 °C Umluft ca. 15 Minuten backen. Vollständig abkühlen lassen.

Die Butter mit dem Sojajoghurt und den Gewürzen aufschlagen. Die Senfkörner im Mörser mahlen und einrühren. Das Topping 10–15 Minuten kalt stellen, bis es eine noch streichfähige, nicht zu weiche Konsistenz erreicht hat. Dann in einen Spritzbeutel mit Sterntülle füllen und die Creme auf die Cake Pops spritzen. Für ein Picknick das Topping in eine kleine Dose spritzen und kalt aufbewahren.

Rote Bete-Madeleines

MIT MEERRETTICH-DIP

Ideal zum Naschen mit Freunden oder als Mitbringsel für die Grillparty!

Ergibt 40 Mini-Madeleines oder 24 große.

Für den Rührteig

80 g vegane Butter
100 g Sojajoghurt
½ TL Salz
Pfeffer, Muskatnuss, Koriander
½ TL Agavendicksaft
150 g Weizenmehl Type 550
1 TL Johannisbrotkernmehl
1 TL Backpulver
30 g Rote Bete, roh
1 TL Zitronensaft

Die Butter in einer Rührschüssel schaumig schlagen, dann Joghurt, Salz, Gewürze und Agavendicksaft zugeben. Nach und nach mit einem Holzlöffel das Mehl einarbeiten. Johannisbrotkernmehl und Backpulver mischen und zugeben. Zuletzt die Rote Bete fein reiben und mit Zitronensaft beträufeln, dann unter den Teig heben.
Den Rührteig mit zwei kleinen Löffeln in die Madeleines-Förmchen geben und mit angefeuchteten Fingern glatt drücken. Im Kühlschrank ca. 2 Stunden ruhen lassen.

Für den Meerrettich-Dip

1 EL Meerrettich (ein frisches Stück oder eingemachten Sahnemeerrettich)
2 EL Sojaquark (aus abgetropftem Sojajoghurt)
1 EL Hafercuisine
Salz, Pfeffer
½ TL Agavendicksaft
½ TL Zitronensaft
¼ Bund Schnittlauch

Den Meerrettich fein reiben und mit Quark, Sahne, Agavendicksaft und Gewürzen glatt rühren. Den Schnittlauch in feine Ringe schneiden und zugeben.
Die Madeleines im Ofen bei 220 °C Ober-/Unterhitze 3 Minuten, anschließend bei 180 °C 3–5 Minuten backen. Madeleines mit Dip und frischen Kräutern servieren.

Q Z G F S V

Linsenbolognese

GEBACKEN IN ZUCCCHINI

„Die Linsenbolognese schmeckt aufs Brot, in Gemüse gebacken oder auch zu Pasta. Wirklich vielseitig und dabei sojafrei! Eines meiner Lieblingsrezepte."

Ergibt 4 Portionen.

Für die Bolognese

1 Karotte
1 kleines Stück Knollensellerie
1 Schalotte
2 EL Olivenöl
150 g rote Linsen
1 EL getrocknete Tomaten, gehackt
1 EL Hefeflocken
500 ml Gemüsebrühe
Salz, Pfeffer, Paprikapulver
200 ml passierte Tomaten
2 Zucchini

Karotte, Sellerie und Schalotte fein würfeln und in Olivenöl anschwitzen. Die roten Linsen zugeben und gut würzen. Tomaten und Hefeflocken zugeben und mit Gemüsebrühe aufgießen. Bei geschlossenem Deckel ca. 10 Minuten köcheln lassen, dann mit Passata aufgießen und evtl. nachwürzen. Einkochen lassen, bis nach ca. 10–15 Minuten die Bolognese sämig wird.

Die Zucchini halbieren und aushöhlen. (Das Innere kannst du klein schneiden und mit Kürbiskernen kross anbraten, um es über das fertige Gericht zu geben.) Die Bolognese in die Zucchinihälften geben und bei 200 °C Ober-/Unterhitze 10–15 Minuten backen. Mit frischen Kräutern und Kürbiskernen genießen.

Erbsen-Filo-Päckchen

AUF MARINIERTEN GEMÜSELINGUINI

„Gesund schlemmen für jede Jahreszeit."

Ergibt 12 Päckchen und 4 Portionen.

Für die Erbsen-Filo-Päckchen

80 g Shitakepilze
¼ Stange Lauch
50 g Räuchertofu
Olivenöl
100 g Erbsen
Salz, Pfeffer, Koriander, Muskat
2 EL Kichererbsenmehl
50 ml Hafercuisine oder andere Pflanzensahne
1 EL Cashewmus
1 EL Kürbiskerne, gemahlen
1 Msp. Backpulver
100 g Strudel- oder Filoteig
Olivenöl

Die Pilze würfeln, den Lauch in feine Ringe schneiden und den Tofu fein würfeln. In Olivenöl anbraten und würzen. Die Erbsen in Salzwasser garen.
In einer Rührschüssel Kichererbsenmehl, Sahne, Cashewmus, Kürbiskerne und Backpulver mischen. Gut würzen. Dann Erbsen und die Tofu-Mischung unterheben. Den Filoteig ausrollen und mit Olivenöl bestreichen. 12 kleine Muffinförmchen mit Olivenöl bepinseln und jeweils 2 Lagen Filoteig hineinlegen. Der Teig sollte dabei auf jeder Seite etwas abstehen. Mit der Füllung versehen und die Teigblätter darum zusammendrücken. Mit etwas Olivenöl bestreichen.

Bei 200 °C Ober-/Unterhitze 10–15 Minuten auf mittlerer Schiene backen.

Für die marinierten Gemüselinguini

4 bunte Möhren
2 Zucchini
2 EL Olivenöl
2 EL Zitronensaft
1 TL Agavendicksaft
½ Bund frischen Koriander
Salz, Pfeffer

Möhren und Zucchini mit dem Spiralschneider in Linguini verwandeln. Olivenöl, Zitronensaft, Agavendicksaft und Gewürze in einer kleinen Schüssel glatt rühren. Den Koriander grob hacken und einrühren. Die Linguini mit Marinade versehen und mit den ofenfrischen Filo-Päckchen servieren.

Kürbis-Nuss-Auflauf

Ergibt eine Tarteform von 24 cm Durchmesser.

Für die Püree-Kruste:

800 g Kartoffeln, mehlig kochend
50 ml Hafercuisine oder andere Pflanzensahne
60 g vegane Butter
1 EL Cashewmus
Salz, Pfeffer, Muskatnuss

Die Kartoffeln in reichlich Salzwasser 25–30 Minuten garen. Dann abschütten und pellen. Mit Hafercuisine, Butter und Cashewmus zu einem cremigen Püree mischen und kräftig würzen.

Für die Nuss-Creme:

250 g Naturtofu
150 ml Wasser
3 EL Kürbiskerne
1 EL Apfelessig
50 ml Hafercuisine oder andere Pflanzensahne
1 geh. EL Kichererbsenmehl
1 EL Speisestärke
1 TL Gemüsebrühe, Pulver
Salz, Pfeffer, Paprikagewürz, Thymian, Muskatnuss
1 TL Ahornsirup

Naturtofu, Wasser und Kürbiskerne zusammen pürieren, bis sich eine seidige Konsistenz ergibt. Den Tofu mit dem Apfelessig mischen. In einer kleinen Rührschüssel die Sahne mit Kichererbsenmehl und Stärke glatt rühren. Zur Tofu-Mischung geben und würzen. Dann den Ahornsirup einrühren.

Außerdem

750 g Kürbis (Butternut oder Hokkaido)
1 rote Zwiebel
1 EL Kürbiskerne
1 EL Walnüsse, gehackt

Den Kürbis entkernen und schälen. Dann in 5 mm dicke Scheiben schneiden. Die Zwiebel in halbe feine Ringe schneiden und mit den Nüssen in einem Esslöffel Olivenöl anbraten.

Die Nuss-Creme in eine 24 cm-Tarteform geben und die Kürbisspalten kreisförmig hineindrücken. Kürbiskerne, Walnüsse und Zwiebelringe darüber verteilen. Dann das Kartoffelpüree darauf geben und glatt streichen. Bei 190 °C Ober-/Unterhitze 30–40 Minuten goldgelb backen.

Q Z G S V

Chili-Sesam-Cracker

Knabber, knusper, Cracker!

Ergibt ca. 40 Stück.

Für den Teig

75 g Sesam, ungeschält
100 g Kürbiskerne
100 g Sonnenblumenkerne
100 g Chiasamen
1 Prise Vollrohrzucker
¼ TL Chili, gemahlen
½ TL Salz
180 ml Wasser
1 TL Olivenöl

In einer Rührschüssel die Samen und Kerne mischen. Zucker und Chili zugeben und gut verrühren. ⅓ der Mischung im Mixer oder Mörser mahlen, dann zurück zu den ganzen Körnern geben. ¼TL Salz im Wasser auflösen und zu den Kernen geben. Mit einem Holzlöffel gut mischen und 10 Minuten quellen lassen.

Ein mit Backpapier ausgelegtes Backblech mit Öl bestreichen. Die Körnermischung darauf geben und mit einem Löffel auf dem ganzen Backblech gleichmäßig und dünn verteilen.

Bei 160 °C Ober-/Unterhitze 25 Minuten backen. Dann die Cracker in Stücke schneiden. Abermals 25 Minuten backen, bis sie trocken und knusprig sind. Mit Dip, veganem Käse oder Chutney genießen.

Rosmarin-Grissini

Wer die einmal selbst gemacht hat, will nie wieder andere!

Ergibt ca. 50 Grissini.

Für die Grissini:

300 g Dinkelmehl Type 630
1 TL Trockenbackhefe
1 TL Rosmarin, getrocknet
1 gestr. TL Salz
200 ml Wasser, lauwarm
30 ml Olivenöl

In einer Rührschüssel Mehl, Hefe, Rosmarin und Salz mischen. Öl und Wasser zugeben und ca. 2 Minuten mit den Knethaken des Rührgerätes auf mittlerer Stufe bearbeiten. Eine Rührschüssel mit etwas Mehl bestäuben und den Teig darin zugedeckt bei Raumtemperatur gehen lassen. Nach etwa 2 Stunden sollte sich das Volumen verdoppelt haben.

Den Teig in zwei Hälften teilen. Die Hälften auf einer ausreichend bemehlten Arbeitsfläche zu 25 x 25 cm großen Quadraten ausrollen. Daraus etwa 1 cm breite Streifen schneiden.

Außerdem:

3 EL Olivenöl
1 EL Mohn, Sesam oder Kürbiskerne

Die Streifen zweimal in sich falten und auf einer nicht bemehlten Arbeitsfläche zu dünnen Strängen rollen. Die Grissini-Rohlinge auf zwei mit Backpapier ausgelegten Blechen verteilen. Mit etwas Olivenöl bestreichen und mit Körnern und Samen bestreuen.

Bei 190 °C Ober-/Unterhitze 15–20 Minuten goldgelb ausbacken. Die Grissini halten sich in einer Glasdose verschlossen mindestens eine Woche frisch.

Anhang

Haltbarkeit und Verpacken

Die Liebe im Gebäck sollte am besten ewig halten – nur leider hat auch das liebevollst verzierte Keksherz ein Ablaufdatum. Damit das gute Stück lange erfreut und rechtzeitig bei den Lieben ankommt, hier ein paar Tipps zu Haltbarkeit und Verpackung.

Backwaren bleiben, trocken und kühl gelagert, besonders gerne frisch, luftdicht verschlossen in einer Metall-, Glas-, oder Plastikdose. Leckereien aus frischen Zutaten ,wie Rohkost, Sahne, Butter usw. sollten im Kühlschrank aufbewahrt werden.

Kekse und Teegebäck: Das mürbe Gebäck wird am besten in einer Metalldose an einem für Kinder nicht erreichbaren, kühlen Ort gelagert ;-) Dort hält es mehrere Wochen frisch.

Cupcakes: Wer Cupcakes vorbereiten möchte, der sollte den Kuchen getrennt von der Creme, luftdicht verschlossen, an einem kühlen Ort aufbewahren. Erst kurz vor dem Servieren die Creme auf den Muffin geben und verzieren. So schmeckt alles frisch. Muffins sollten immer frisch gebacken werden, damit ihre Konsistenz locker und saftig ist. Aufbewahren lassen sie sich maximal zwei Tage.

Kleingebäck und Kuchen: Kleingebäck aus luftigem Teig, wie Madeleines schmecken am besten frisch. In einer Glasdose lassen sie sich bis zu 3 Tagen aufbewahren.

Torten und Pralinen: Frisches Konfekt sollte im Kühlschrank gelagert werden und hält sich bis zu 5 Tage. Der Anteil an Frucht, frischen Zutaten und Sahne ist dabei entscheidend.

Teige und Cremes: Sollte einmal ein Stück Mürbeteig übrig sein, lässt er sich in Folie gewickelt im Kühlschrank aufbewahren. Teige mit Backtriebmittel sollten nach der angegebenen Ruhezeit bzw. umgehend verarbeitet werden und eignen sich nicht zur Aufbewahrung. Cremes können in einem gut verschlossenen Behälter bis zur Weiterverarbeitung im Kühlschrank aufbewahrt werden. Auch hier gilt: Je frischer die Zutaten (Sahne, Butter, frische Früchte oder Gemüse ...) umso schneller sollte die Creme gegessen werden.

Vorlagen

Einen einfachen Kuchen in einen ganz besonderen Hingucker verzaubern? Das geht! Mit diesen Vorlagen braucht es keinen Bastelhasen. Schnell ausgedruckt verschönern sie Kuchen, Cupcakes und Genießer-Riegel. Noch mehr Vorlagen und kreative Ideen findest du auf www.veganpassion.de/Vorlagen.html

Birthday-Wimpelkette

HAPPY
LOVE
HAPPY
LOVE
HAPPY
LOVE
HAPPY
LOVE
HAPPY
LOVE
HAPPY
LOVE
HAPPY
LOVE
HAPPY
LOVE
HAPPY
LOVE
HAPPY
LOVE
HAPPY
LOVE
HAPPY
LOVE

Care
be happy
bite me
ENERGIE
love

Kennzeichnungen

REZEPTÜBERSICHT

Rezept	Seite	G	V	Z	F	S	Q
Amarant-Kipferl mit Sesam	33	x	x	x		x	
Amarant-Schokohappen mit Mandeln	135	x	x	x		x	
Aprikosen-Riegel mit Goji und Banane	83	x	x	x	x	x	x
Aronia-Energiekugeln	147	x	x	x		x	x
Aronia-Orangenmuffins	77		x	x	x	x	x
Beeren-Financiers	87			x		x	x
Blaubeer-Madeleines	57			x			x
Brownie Lover Cookies	45		x	x		x	
Bunte Obsttorte mit weißer Schokolade	115		x	x	x		
Cashew-Orangen-Minigugel	55			x			
Cashew-Spinatquiche	179		x	x	x		
Chili-Sesam-Cracker	199	x	x	x		x	
Chocolate Addict Cupcakes	79		x	x	x	x	x
Chocolate Glazed Pumpkin-Doughnuts	85			x	x	x	
Ciabatta Rustica	181			x	x	x	
Detox Pizza	177	x	x	x	x	x	
Dotted Tomato Cheesecake	185			x	x		
Energieriegel Beere-Ingwer mit gepufftem Amarant	161	x	x	x		x	x
Erbsen-Filo-Päckchen auf marinierten Gemüselinguini	193			x	x	x	
Erdbeer-Joghurt-Muffins	67			x	x		x
Erdnussplätzchen mit Ingwer	41		x	x		x	
Exotischer Wirbelkuchen vom Blech	103			x	x		
Exotisches Bananenbrot	127			x	x		
Extra schokoladige Zucchini-Brownies	107		x	x	x	x	
Gebrannte Milchreistartelettes mit Rhabarbercoulis	63		x			x	
Gemüsetarte tricolore	177			x			x
Gojibeeren-Apfelbrot	109		x	x	x	x	
Graham-Crackers	31	x	x	x		x	
Granatapfel-Zitronenkuchen	93			x			x
Hanf-Cookies für Schocoholics	39					x	x
Haselnuss-Walnuss-Tartelettes mit Ahornsirup	61		x			x	
Himbeer-Mango-Schnittchen mit Joghurt	99			x			x
Jostabeeren-Scones	71		x	x	x	x	x
Karotten-Apfelkuchen mit Buchweizen	95	x	x	x			
Kirschcookies mit Mandeln	47	x	x			x	
Kleine Beeren-Mandel-Tartelettes	149	x	x	x		x	x
Kokos-Kirsch-Biscotti mit Lemongras	37				x	x	

Rezept	Seite	G	V	Z	F	S	a
Kokos-Zitronenecken	157	x	x	x		x	x
Kokosblüten-Orangentorte	121			x	x		
Kräuter-Cake Pops	187			x	x		x
Kürbis-Hafer-Happen	139	x	x	x		x	
Kürbis-Nuss-Auflauf	195	x	x	x			
Limoncello & Mohn-Linzer	51		x	x		x	
Linsenbolognese gebacken in Zuccchini	191			x	x	x	
Mandel-Beerenmuffins	73		x	x	x		x
Marmorierter Apfel-Mohn-Kuchen	105			x	x	x	
Matcha-Aprikosen-Minimuffins mit Ahornglasur	89			x	x	x	x
Matcha-Mandel-Swirls	49			x		x	x
Matcha-Mango-Torte	141	x	x	x		x	x
Maulbeer-Honigkuchen	129			x	x	x	
Melasse-Doughnutsmit Apfel	75			x	x		
Miamor-Schnittchen	143	x	x	x		x	
Nocciolato Cookies	43		x	x	x	x	x
Quinoa-Bananen-Minikuchen	59		x	x	x	x	x
Ratatouille im Quarkteigmantel	167			x	x		
Red Berry Cake Pops	151	x	x	x		x	x
Rhabarber-Käsekuchen mit Muskatblüte	97		x	x			
Rhabarber-Tartelettes	119		x	x	x		
Rohkostpralinen Ananas-Aprikose	133	x	x	x		x	x
Rosmarin-Grissini	201			x		x	
Rote Bete-Apfelkuchen	111		x	x	x		x
Rote Bete-Madeleines mit Meerrettich-Dip	189			x	x		x
Rote Minzetörtchen	153	x	x	x			x
Saftige Schoko-Physalis-Muffins	69	x	x	x	x		
Saftiges Zucchinibrot	173		x	x	x		
Schoko-Bananen-Cookies	35			x		x	
Schoko-Erdnussbutter-Cupcakes	159	x	x	x		x	x
Schokoladen-Kürbistarte	123	x	x	x	x		
Schwarz-weiße Schoko-Kokostorte	113			x	x		x
Strudel im Apfel	81	x	x	x	x	x	
Süßkartoffeltarte mit Minzpesto	165		x	x	x		
Tahin-Spinat-Brezeln	171			x	x	x	
Unwiderstehliche Chia-Brownies	137	x	x	x		x	x

Glossar

Abtropfen lassen: Den Joghurt in einem Kaffeefilter auf einem tiefen Teller oder einer Rührschüssel positionieren und das im Joghurt enthaltene Wasser abtropfen lassen. Dabei sollte der Joghurt bei Möglichkeit nicht in der abgelassenen Flüssigkeit stehen.

Açaibeere: Die brasilianische Frucht der Kohlpalme enthält Vitamine, Mineralien und essentielle Fettsäuren. Bekannt ist sie für ihren hohen Anteil an Antioxidantien. Smoothies und Gebäck verzaubert sie mit ihrem leuchtenden lila Farbton.

Anfeuchten: Einen Pinsel in Pflanzendrink tauchen und auf einem Küchentuch zwei Punkte malen, sodass der Pinsel nicht mehr tropft. Dann die Backware damit befeuchten.

Anrühren: Geliermittel sollten vor dem Aufkochen mit Zucker und 1–2 Esslöffel Flüssigkeit mit einem Schneebesen gerührt und von Klümpchen befreit werden.

Apfelmark/-mus: In diesem Buch wird ungesüßtes Apfelmark verwendet. Wenn du eine gesüßte Variante verwenden möchtest, reduziere den Anteil an Süßungsmitteln im Teig entsprechend.

Arbeitsfläche: Eine Arbeitsfläche kann ein großes Holzbrett oder eine bemehlte Marmorplatte sein. Wichtig ist, dass der Teig daran nicht haftet und sie ausreichend Arbeitsraum bietet.

Aroniabeere: auch Apfelbeere genannt. Ursprünglich aus dem nordamerikanischen Raum ist sie heute dank ihrer Inhaltsstoffe (Vitamine, Mineralstoffe, Antioxidantien) Teil zahlreicher medizinischer Studien.

Aufgehen: siehe gehen lassen

Aufklopfen: Damit Füllungen und Schokolade beim Erkalten keine Luftblasen einschließen, werden sie im warmen Zustand mehrmals leicht auf die Arbeitsfläche geklopft.

Aufkochen: Bei mittlerer Hitze Sahne oder Pflanzendrink bis zur Blasenbildung aufkochen. Anschließend von der Herdplatte nehmen, da sie sonst überkocht.

Aufschlagen: Cremes und Massen mit einem Schneebesen, Rührgerät oder einer Küchenmaschine schlagen, bis sie luftig sind und sich ihr Volumen vergrößert hat.

Aufspritzen: Creme oder Zuckerglasur in einen Spritzbeutel mit gewünschter Tülle füllen und – durch sanften Druck auf die Füllung zur Spritzbeutelspitze hin – das Dekor auf dem Gebäck anbringen.

Auskühlen lassen: Das Gebäck bei Zimmertemperatur beiseite stellen, bis es vollständig erkaltet ist.

Ausrollen: Den Teig auf eine bemehlte Arbeitsfläche legen und mit dem Nudelholz flach rollen. Die Dicke hängt vom Teig und der Verwendungsform ab.

Backpulver: Die Rezeptangaben beziehen sich auf das leicht erhältliche Backpulver aus dem Supermarkt. Weinstein-Backpulver besitzt eine etwas geringere Triebkraft.

Begradigen: Die Kuppel abtrennen, sodass sich ein an allen Stellen gleich hohes Biskuit ergibt.

Bemehlen: Die Arbeitsfläche oder Backformen mit etwas Mehl bestäuben.

Bestreichen: Mit einem Pinsel Gelee, Marmelade, Schokolade oder Creme auftragen.

Bestäuben: Den Puderzucker in ein Sieb geben und mit einem Löffel auf das Gebäck rieseln.

Bestreuen: Die gewünschte Zutat zwischen Daumen und Zeigefinger halten und in der Backform oder auf dem Gebäck verteilen.

Beträufeln: Saft oder Alkohol tropfenweise mit einem kleinen Löffel zugeben.

Blindbacken: Mürbeteig wird ohne Belag vorgebacken. Dazu Hülsenfrüchte auf einem Stück Backpapier hineinlegen.

Buttern: Für eine Springform eine Messerspitze Butter auf ein Stück Backpapier legen und damit die Springform einreiben.

Einarbeiten: Zutaten in den Teig kneten.

Einfetten: siehe Buttern

Einrühren: Die Zutaten zugeben und mit einem Schneebesen unterheben.

Einstechen: Den Teig mit einer Gabel mehrmals einstechen, damit sich keine Luftblasen darunter bilden und er gleichmäßig gart.

Flachrührer: Der Flachrührer ist ein gestrebter Knetaufsatz für die Küchenmaschine. Er eignet sich für schwere Mixturen wie Kuchenteige, leichte Brote und Mürbeteig.

Ganache: oder Canache bezeichnet eine zartschmelzende Tortenfüllung oder Glasur aus Schokolade und Sahne.

Gehen lassen: Der Hefeteig geht mit einem Tuch bedeckt an einem warmen Ort am besten. Der Teig vergrößert sein Volumen durch die von der Hefe ausgelöste Gärung.

Glasieren: Gebäck, Obst oder Gemüse mit einem Überzug aus Schokolade, Sirup oder Zuckerglasur versehen.

Glatt rühren: Den Teig solange mit einem Schneebesen, einem Kochlöffel oder einer Gabel (das Werkzeug ist abhängig von der Teigart) mischen, bis er homogen ist und keine Klümpchen mehr enthält.

Gojibeeren: auch Bocksdornbeere. Die rot leuchtende, süßlich-saure Beere enthält Vitamine und Antioxidantien.

Hacken: Schokolade mit einem Chefmesser, Kräuter mit einem Wiegemesser hacken. Je feiner die Schokolade gehackt wird, umso gleichmäßiger verhält sie sich beim Schmelzen.

Herunterkühlen: siehe Auskühlen

Johannisbrotkernmehl: bezeichnet die gemahlenen Samen der Carobfrucht (Frucht des Johannisbrotkernbaumes). Das Mehl enthält viele Ballaststoffe und dient als natürliches Verdickungsmittel.

Kalt stellen: In den Kühlschrank oder im Winter auf die kalte Fensterbank stellen.

Karamellisieren: Den Zucker bei mittlerer Hitze unter ständiger Aufsicht in der Pfanne schmelzen, bis er eine hellgelbe bis braune Farbe annimmt.

Kneten: Mürbeteig wird mit den Händen oder einer Gabel geknetet.

Kuvertüre: Diese Schokolade enthält mehr Fett als Tafelschokolade. Sie eignet sich besonders zum Überziehen von Gebäck, da sie beim Erkalten einen schönen Glanz zeigt.

Matcha: Der japanische Grüntee wird zu feinstem Pulver vermahlen. Er hat eine intensive, grüne Farbe und einen süßlichen bis herben Geschmack. Der Tee enthält viele Antioxidantien und Vitamine.

Mixen: Insbesondere Rohkostrezepte werden durch Handhabung mit einem Standmixer vereinfacht. Alternativ lässt sich ein Stabmixer verwenden.

Öl: siehe Pflanzenöl

Palette: Werkzeug zum Glattstreichen von Teigen, Cremes und Massen. Beliebt ist die Winkelpalette.

Passieren: Mit einem Löffel die Masse durch ein Sieb streichen, sodass feste oder grobkörnige Bestandteile entfernt werden.

Pfeilwurzmehl: ist ein aus der Pfeilwurz gewonnenes Stärkeprodukt. Es eignet sich sehr schön zum Binden von Soßen und verschiedenen Teigen und bietet somit eine schöne alternative zu Sojamehl.

Pflanzendrink: Eine Milchalternative, die aus Getreide, Hülsenfrüchten oder Nüssen gewonnen wird.

Pflanzenöl: Nicht alle Ölsorten sind backfest. Zum Backen eignen sich Keimöl, Sojaöl, als solches ausgewiesene Brat- & Backöle oder Olivenöl. Viele Öle bringen einen Eigengeschmack mit sich, wenn du das nicht möchtest, verwende geschmacksneutrale Öle.

Pflanzensahne: Die Pflanzensahne hat einen Fettgehalt von 13 % und ist ungesüßt. Am liebsten verwende ich Hafercuisine, du kannst aber auch Reis- oder Sojasahne mit gleichem Fettgehalt verwenden.

Pürieren: Mit dem Rührgerät oder einem Pürierstab bearbeiten, bis sich eine glatte Masse ergibt.

Rösten: Nüsse bei geringer Hitze in der Pfanne ohne Öl braten, bis sie goldgelb sind und aromatisch duften.

Schaumig rühren: siehe Aufschlagen

Sieben: Insbesondere Puderzucker sollte vor der Verarbeitung gesiebt werden, damit er keine Klümpchen bildet und sich gleichmäßig auflöst.

Sojajoghurt: ist Joghurt auf Basis der Sojabohne. Inzwischen gibt es Alternativen aus Kokos und Reis. Beim Kauf darauf achten, dass die Produkte ungesüßt sind.

Sojaquark: ist im Handel erhältlich oder er kann auch einfach und kostengünstig selbst hergestellt werden. Hierzu etwas Sojajoghurt über Nacht im Kaffeefilter abtropfen lassen. Je nach gewünschter Konsistenz kann die Dauer auf bis zu 48 Stunden erhöht werden.

Speisestärke: Ich verwende Kartoffel- oder Maisstärke. Du kannst sie beliebig gegeneinander austauschen, da sie die gleichen Backeigenschaften aufweisen und den Teig lockern.

Stäbchenprobe: Mit einem dünnen Holzstäbchen wird geprüft, ob der Kuchen gar ist. Kommt das Stäbchen mit Teig daran aus dem Kuchen, sollte weiter gebacken werden. Ist das Stäbchen beim Herausziehen sauber, so ist der Kuchen fertig. Die Stäbchenprobe funktioniert besonders gut bei Gebäck mit Öl (Rührkuchen).

Stärke: siehe Speisestärke

Stürzen: Den erkalteten Kuchen am Springformrand mit einem dünnen Messer abfahren. Dann den Kuchen umdrehen und ca. 5 cm über der Arbeitsfläche halten. Mit leichtem Klopfen den Kuchen aus der Form lösen.

Tapiokastärke: Die Stärke wird aus der getrockneten Maniokwurzel gewonnen und hat bindende Eigenschaften, die gerne für Teige, Füllungen und Pudding verwendet werden. Dabei ist sie nahezu geschmacksneutral.

Temperieren: Das Temperieren bezeichnet das Schmelzen, Abkühlen und wieder Aufwärmen von Schokolade auf die geeignete Verarbeitungstemperatur.

Überziehen: Mit einem Löffel die Glasur über das Gebäck geben und zu allen Seiten abtropfen lassen.

Unterheben: Die Zutaten vorsichtig mit einem Kochlöffel oder Schneebesen vermischen, damit die luftige Beschaffenheit der Masse erhalten bleibt.

Vegane Butter: In diesem Buch wird die vegane Butter deutlich von der bekannten Margarine getrennt. Vegane Butter enthält keine trans-Fettsäuren und lässt sich wie Kuhmilchbutter verwenden.

Vorgaren: Das Gemüse/Obst bei mittlerer Hitze und geschlossenem Deckel köcheln lassen. Wenn man mit einem scharfen Messer hineinsticht, sollte man im Kern noch auf Widerstand stoßen.

Wasserbad: Schokolade und Kakaobutter werden schonend im Wasserbad erwärmt und geschmolzen. Dafür einen Topf mit Wasser füllen und einen zweiten hineinlegen. Es gibt hierfür auch spezielle Schmelzbehältnisse, die sich in den Topf einhängen lassen und somit verhindern, dass Wasser aus dem großen in den kleinen Topf gelangt. Nun den Topf bei mittlerer Hitze erwärmen. Das Wasser sollte auf keinen Fall kochen, da die Schokolade bei 39–42 °C geschmolzen wird.

Zerstoßen: Im Mörser Körner und Gewürze zerstoßen/ zermahlen.

Register

Kontakt

Informationen zu leckeren Kursen und beschwingten Vorträgen findest du unter www.veganpassion.de.

Rezepte für's vegane Glück gibt's hier: http://veganpassion.blogspot.de/.

Und sollte einmal eine Frage offen sein, erreichst du mich per Email unter: kontakt@veganpassion.de.

Impressum

Neun Zehn Verlag
Walter Unterweger
Kreuzstr. 21
13187 Berlin

www.neunzehn-verlag.de

1. Auflage
Printed 2015

ISBN: 978-394-2491-57-0

Fotografie: Veganpassion, Stina Spiegelberg
Coverfoto, Portraits S. 4: Sven Cichowicz
Illustrationen: Isabelle Metzen
Satz: Satz-& Verlagsservice Ulrich Bogun